わが人生 4

◉湘南信用金庫理事長

服部眞司

# 湘南の獅子

—地域に生きる—

神奈川新聞社

著者近影

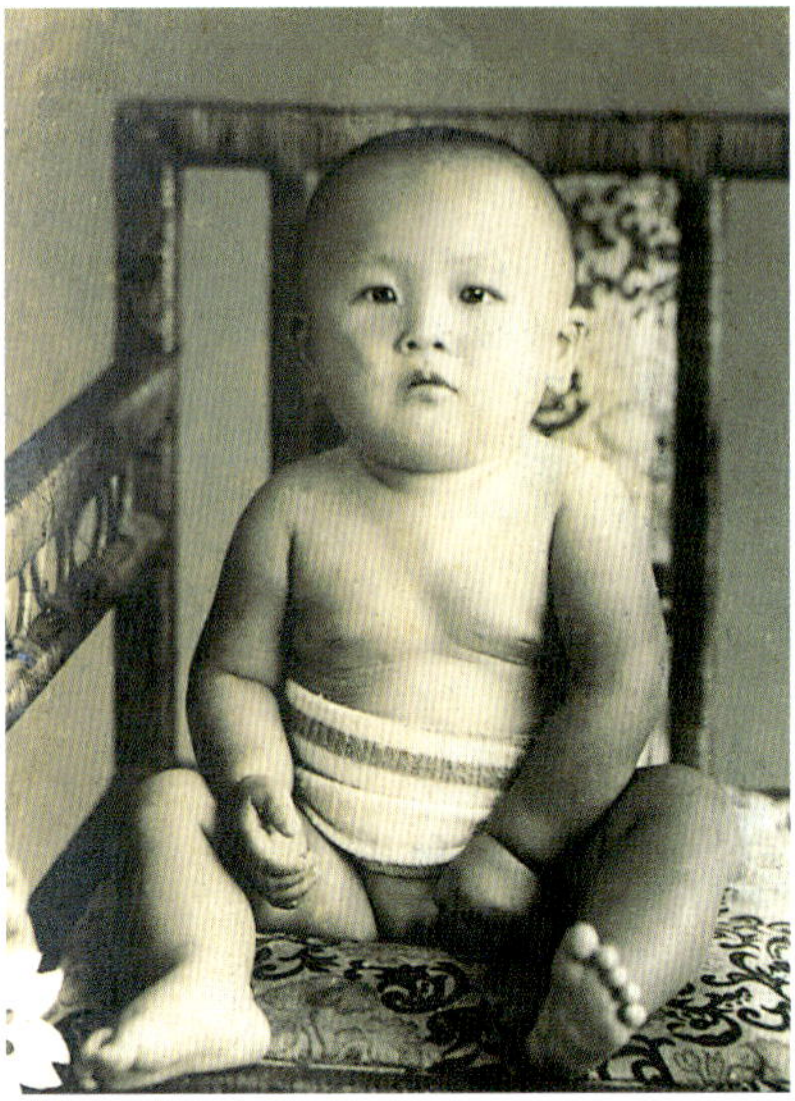

生後10カ月

5歳

26歳

40歳（伊豆・長岡にて）

41歳、著者が一番体重のあった頃

島田精一住宅金融公庫総裁と
（2006年9月）

團伊玖磨先生と（1997年10月）

白鵬と著者（2006年4月9日、横須賀場所にて）

# はじめに

信用金庫で働き始めて五十年、湘南信用金庫の誕生から十七年。歳月が過ぎるのは早いものである。記憶の彼方に埋もれていたものを次々と掘り起こしながら、信用金庫は地域金融機関であるという思いをいっそう強くした。

経営環境の悪化、金融状況の変化、景気の変動などの不安定要素は常にあるが、湘南信金の経営を安定させ、経営基盤を強化することこそ、湘南地域の真っ当な活性化につながる。湘南地域に様々な形で貢献できる湘南信金になることが私の目標であり、誇りである。そのために、良いと思うことは何でもやってきた。信金経営の試行錯誤の過程を縦軸に、私の交遊録を横軸に——そんな理想通りには運ばなかったが、やはり「湘南」あってこその服部眞司であることをご理解いただき、湘南信金をいっそう応援していただければ幸いである。

# 目次

# 湘南の獅子

——地域に生きる——

本書は、神奈川新聞「わが人生」欄に二〇〇六（平成十八）年三月十四日から六月二十三日まで、百回にわたって連載されたものに加筆、修正したものです。

# 俺はここにいるよ

「服部、いるだろう。お前の家が、服部時計店が火事だ！」

幼なじみが駆け込んできたとき、私は日の出町の同級生の家でマージャンに興じていた。そこは現在、神奈川県合同庁舎があるあたりの岸壁沿いに建っていた大きな邸宅で、モダンな八角形の洋間にはピアノが置かれ、私たちの仲間のたまり場のようになっていた。

あわててタクシーで湊町（現在の汐入町一丁目）の自宅に駆け戻ると、焼け残った家の中から、大きな長方形の箱が横倒しにかつぎ出されてきた。大の大人が七、八人がかりで重そうに運んでいる。

そしてどこからともなく、「あれに眞ちゃんが入っているらしいよ」「かわいそうにねえ…」「ひとりだけ逃げ遅れるなんて運のない…」という会話が聞こえてきた。

どうやら火事場のドタバタ騒ぎのなかで、いっこうに姿が見えない私は、不運にも焼け

生家の服部時計店（横須賀市湊町・現汐入町１丁目）

死んだことにされてしまったらしい。

　一九五五（昭和三十）年の年の瀬で、横須賀の街には鉄筋四階建ての横須賀信用金庫（当事）本店が誕生したばかり。町は師走の喧騒に包まれていたが、就職先も決まった大学生にとっては、心おきなく遊べる最後の期間だ。学校の行き帰りにどこかをほっつき歩くか、横須賀へ戻ってマージャン三昧という日が続いていた。

　後でわかったことだが、火事の一報目は、「服部は今ごろはマージャンだろう」と思った幼なじみの機転で、電話でもたらされたらしい。ところが勝負の中断を嫌った誰かが勝手に居留守を決め込んだため、私は何も知らないまま、マージャンに熱中していたわけだ。

　幸いにもその間、勝ち続けていたので、日の出町から汐入までタクシーをおごったのだが、オリオンタクシーの運転手を急がせて家に着いたときには、出火から二時間は過ぎていただろう。すでに火は鎮まり、近在の人たちが水浸しになった家財道具などを次々に運び出していた。その光景にさすがの私もなすすべもなく、呆然と立ち尽くすしかなかったのである。

その中でひときわ大きかったのがドイツ製の「標準時計」で、長さ二メートル五十センチ、幅六十センチほどもあった。私の家は貴金属も扱う時計屋で、時刻合わせに使う「標準時計」は商売の必需品。「服部時計店」のシンボルともいうべき大時計は、横にすればなるほど、棺桶に見えないこともない。

思わず「俺はここにいるよ」と叫んで飛び出していった。その場の人たちの驚いた顔も忘れられないが、この時、私は「一度死んだ」のだという思いは、終生、私について回ることになった。

## 借金のカタに信金へ

私の生家の「服部時計店」は、「逸見の波止場」と呼ばれた米軍の上陸場から、横須賀の街中へ向かう国道16号沿いにあった。火事はいわゆる「もらい火」で、火元は隣のキャバレーだった。

幸い建物の全焼はまぬがれたが、消火のために水をかぶった商品はまったく使い物にならない。しかも時計も貴金属も、商品のほとんどは預託品だった。人の不幸につけ込む火事場泥棒の被害も相当あり、現金決済を目前に控えた年末の火事で、わが家は窮地に追い込まれたのである。

この時、父が亡くなってから十年余り、なんとか店を守ってきた私の母はひとつの選択をする。建物と土地を担保に借金をしたのだ。不動産を売るという手もあったが、それは直ちに住む家がなくなることを意味する。そこで横須賀信用金庫から三百万円を借りて、預託品の弁済と、商売を続けるための運転資金に充てたのだ。

　しかし金を貸す信用金庫側は、家と土地だけでは担保不足だと主張する。その不足分を補うのが私自身。つまり息子を横須賀信用金庫に就職させ、一日も早く借金を返せばいいだろうという話に進んでいったのだ。

　就職難の時代ではあったが、すでに商社への就職が決まっていた私にとっては一大事だった。商社の何たるかを知っていたわけではないが、当時は「信用金庫なんて、手提げ金庫でも売っている所だろう」という認識だった。それでも母と信金側との合意により、たった一人の入社試験を受け、大学の卒業証書を受け取る前の、一九五六（昭和三十一）年三月一日から私の信用金庫人生はスタートした。働くことが決まったら、一刻でも早く働けということだった。

　しかし、二十二歳だった私には、たったひとつの火事によって人生が大きく変わったという事実が重くのしかかってきた。い

履歴書
県横須賀市汐入町三丁目一番地
県横須賀市汐入町三丁目一番地
長男
服《は》部《とり》眞《しん》司《じ》
昭和八年十月六日生

学歴
一、昭和十五年四月一日　横須賀市立汐入小学校入学
一、昭和二十一年三月　同校卒業
一、昭和二十一年四月一日　神奈川県立横須賀中学校入学
一、昭和二十四年三月　同校卒業

横須賀信金入庫時の履歴書

や、「変わった」のではない。否応なく「変えられてしまった」という事実に対する悔しさ、悲しさがどうにも抑えられないのである。

借金のカタに人質にとられたようなもので、信用金庫は「敵の城」。だから「借金を返すまで辞められない…」「さっさと借金を返して辞めてやれ！」という思いを交錯させる一方で、「いずれこの信用金庫をのっとってしまえばいい」という思いも芽生えていた。

後になって考えると、母がこうした条件を承諾したのは、私が商社に就職して家を出てしまうよりも、手元に置いておく口実ができたということが大きかったようだ。

それによくよく考えると、まったく自分に責任のない「もらい火」で立ち行かなくなった個人商店は、保険会社から見舞金すらもらえなかった。そんな我が家を助けてくれたのは、銀行でもなく、役所でもなく、政治家でもなく、ちっぽけな信用金庫だけだったのだ。その事実に気づいたとき、私と信用金庫は、切っても切れない間柄になった。

## 連日二百軒を回って集金

私の人生を一変させた「もらい火」には、うさんくさい点もあった。

逸見の上陸場は、今はヴェルニー公園として整備されているが、当時は臨海公園と呼ばれていた。ここから基地の正門へ向かう通りがメーンストリートだった時代は時計の修理の依頼も多く、キャバレーなどの飲食店もたいそう賑わっていた。

ところが上陸場所が米軍基地内に移ると、米兵たちは、海軍下士官集会所だったＥＭクラブ（現在のベイスクエア）に集まるようになり、人の流れが従来とは逆になった。一九五三（昭和二十八）年に朝鮮動乱が終わったころから、市街から西にはずれた街並みの人通りは激減してしまった。そういう時期だったので、あれは保険金目当ての放火だというわさがたったのを覚えている。

しかし仮に放火だったとしても、わが家に金が入るわけではない。横須賀信用金庫から

横須賀信金で働き始めた頃（1956年）

の借入金は急場をしのぐだけのものだった。母と姉、私、弟、妹二人に職人を加えた七人は時計屋だけでは食べていけず、火事を機に、スカジャンのような土産品も取り扱うようになった。

関東学院女子専門学校を卒業し、横浜市内の高校で英語の教師をしていた姉が帰宅後に店を切り盛りする一方、私と三歳下の妹が就職し、三人の収入で家計を支えたのである。

三月から働き始めた私の初任給は、確か六千円程度だったと思う。電気洗濯機、電気冷蔵庫、テレビが「三種の神器」ともてはやされ始めた時代で、平均的な大卒初任給はおよそ一万円。六月からは九千円にアップしたが、そこから借金返済分を天引きされるので、遊ぶ金にはいつも困っていた。

信用金庫に勤めて、最初にやらされた仕事は日掛けの集金だ。担当者から簡単な引き継ぎを受けただけで、来る日も来る日も、ケンパス地のカバンを自転車に積んで、安浦町や富士見町一帯を一軒一軒集金して回る。一日平均二百軒で金を受け取り、帳簿に判を押す、そんな単純作業の繰り返しだ。玄関から入ると、「勝手口に回れ」と怒られることもしょっちゅうだった。

大学は経済学部だったが、金融の実務知識はゼロに等しい。同期入社は大卒がもう一人と、高卒が十人ぐらいだったが、現在のように新入社員研修があるわけでもない。お札の持ち方、数え方から手形の書き換えまで、この期間にすべてお客から教えてもらったようなものである。

この過酷な集金業務からは九月いっぱいで解放された。そして十月からは、ひたすらお金を数え続ける出納業務に回された。それでようやく、信用金庫におけるお金の流れがおぼろげにわかってきたのである。

そして入庫一年が経った三月から、信金自体に本部を立ち上げる仕事を任された。それは、信用金庫はどうあるべきかという大きな課題について考える、最初の貴重な機会となった。

## 母マキへの想い深く

今さらながら、私の人生を振り返ると、母マキの影響が大きいことをしみじみと感じる。その母は九十一歳の長寿を得て、二〇〇一（平成十三）年に亡くなったが、母を送るとき、私は冷たくなった母のくちびるにキスをした。見ていた人はマザコンの極みと思われたかもしれないが、それほど母への想《おも》いは深いものがある。

母の墓は汐入三丁目の長源寺にある。服部家としては一九四五（昭和二十）年に亡くなった父以来、五十六年ぶりの物故者となった。母の葬儀に際して墓石を新しくしたが、墓石の表には南無阿弥陀仏とだけ刻み、「服部家」の文字は小さく、目立たないようにした。私の中の、私は服部でありながら、服部ではないという想いがそうさせたのである。

長源寺の過去帳では、服部家は一八三二（天保三）年に亡くなった服部平蔵まで遡《さかのぼ》ることができる。生後すぐにこの平蔵の孫の養女となったのが私の母のマキで、父の値《すすむ》は服部時計店で働いていた時計職人だった。つまり両親も、私も、兄弟たちも、服部の血は一滴も受けていないのである。

母は一九一一（明治四十四）年生まれだが、その産みの母親が誰なのかは明らかにされていない。母の父は横須賀のさいか屋の前にあった天ぷら屋の息子で、典型的な遊び人だった。三味線や新内が得意で、虚無僧の格好で門付けもしたという。どうやらその遊び人が、年頃の娘を妊娠させ、生まれた娘を認知して、いくばくかの土地や持参金をつけて服部家へ養女に出したというのが真相らしい。想像ではあるが、ひっそりと女の子を産んだ女性は、その事実を隠して他家へ嫁いだものと思う。母は実母の名を知っていたかもしれないが、私には告げないまま亡くなったのだ。

横須賀小町といわれた母マキ

母の生い立ちはこのように複雑だったが、数人の職人を雇う時計屋の娘として大らかに育った。お金があれば着物を作り、店の隣にあった八雲写真館で写真を撮る人だった。

万一に備えて貯蓄をしているような母だったら、火事に遭ってもあれほど困窮しなかっただろう。ただし、唯一の例外が弟の進学費用だ。私にとって今でも心残りなのは、残り数月だった私の大学への通学費や当面の生活費に、弟の進学費用のための貯金を充ててしまったことだ。

五歳違いの弟は火事のとき、当時は横須賀の田浦にあった栄光学園に通い始めたばかり。大学受験の年齢に達したときもまだ借金が残っていたため、弟は就職した。どうせ借金で苦労するなら、あのときもっと多額の金を借りればよかった。そうすれば弟のための貯金には手をつけずに済み、弟はきっと大学へ進んだことだろう。このことについては今日でも弟に対して申し訳なく、一生の借りを背負っている思いである。

金を貸すのは簡単だが、いくらを、どう貸せば、本当にその人のためになるのか、今でもときどき考えさせられる。

## 切れた鼻緒が父の死を暗示？

一九二三（大正十二）年の関東大震災は、横須賀にも大きな被害をもたらした。被害の様子などはわからないが、母マキと父徝《すすむ》が入籍したのは、一九二六（大正十五）年十月三十日で、一九二八（昭和三）年には旭町に住んでいた。旭町通りは現在の大滝町のはずれか、本町の一画あたりらしい。JR横須賀駅から市役所に通じる道路は震災後に十五間道路に拡幅され、国道16号となっている。

一九二九（昭和四）年に生まれた長女満智子は生後一カ月で亡くなり、翌年生まれた慶子が実質的な長子となる。私、眞司はその三年後の一九三三（昭和八）年十月六日に生まれ、一九三四（昭和九）年三月に湊町（現汐入二丁目一番地）に移転した。

一九三六（昭和十一）年に妹の順子、一九三八（昭和十三）年に二男の和男が生まれたが、一九四二（昭和十七）年に生まれた博子は夭折した。一九四六（昭和二十一）年に末の妹の千恵子が生まれ、結果的に私は二男三女の上から二番目の長男となった。ところが末子がまだ母のお腹にいるうちに、父は四十三歳で亡くなってしまった。

一九四四（昭和十九）年の二学期から学童疎開が始まり、尋常汐入小学校の五年生だった私と妹の順子は、父方の縁故で福島県の白河に疎開した。その後、母が疎開の必要のない大船に家を借り、私と妹は北鎌倉駅と大船駅の間にある小坂小学校に通うようになったのである。

服部家の家族写真。前列左が筆者。
まだ末の妹は生まれていない

横須賀の家には父と姉、弟が残ったが、この二重生活は大変だった。また、その頃から肝臓を患っていた父の症状が悪化したため、再び家族そろって横須賀で暮らすことになり、私と妹は横須賀から電車で通学した。

六年生になる直前の春休み、大船の果物屋（三谷光男県議会議長の弟）から、果物が手に入ったから、取りに来るようにという連絡があった。姉と私が受け取りに出かけたが、その途中で私の下駄の鼻緒が切れた。仕方なく家へ戻ると父の容態が急変し、医者が人力車で往診に駆けつけたところだった。医者は海軍病院から手に入れたいい薬があると言ったが、注射をうたれて間もなく父は亡くなった。あっけない最期だった。

大船まで行くのに、鼻緒が切れそうな下駄を履いて出るわけがない。その鼻緒が突然切れて、父の死に目に会えたことには、何か不思議な力を感じている。

父の命日は一九四五（昭和二十）年の三月十六日。連日、空襲警報が出される中、十一歳の私は夜通し父の遺体に付き添った。海軍中尉として横須賀に居た父の兄が知らせを聞いてかけつけてくれ、二人で番をしたのである。

翌日、父の遺体を乗せたリヤカーを私が引き、姉が後ろから押しながら坂本の火葬場まで運んでいった。私の父の記憶はそこで終わっている。

母はいつも、父とは望んで一緒になったわけではないと話していたほどで、墓参りにも行かなかった。おそらく、他に好きな人がいたのだろう。それでも五人の子を成し、三十三歳で寡婦になってから約六十年を独り身で通した。七十歳を過ぎたころからボツボツと父の墓に参っていたようだが、何を語っていたのかと思うことがある。

## 養子として服部家を守った父

父の徝《すすむ》の生家は福島の河沼郡坂下町にあり、小澤という会津の士族で、父は四男だった。十九世紀初頭に、異国の船が日本の近海に出没するようになると、幕府は会津藩に江戸湾の警備を命じたため、多くの会津藩士が家族を連れて横須賀へ移って来た。明治維新後、そうした因縁のある横須賀へ移って来た元会津藩士も大勢いると聞いている。

そうした経緯があったので、父も横須賀への親近感を抱いていたのかもしれないが、実際は、小澤家の二男が養子に行った福島の白河の家が時計屋を営んでおり、そのツテで横須賀の時計屋に奉公に来たらしい。父のすぐ上の兄も海軍中尉として横須賀に在留していた。

服部時計店には、職人が四人、お手伝いさんが二人いたこともあり、時には十人分以上の食事を用意しなければならなかった。ところが朝食を取り仕切るのは父で、母はいつも寝ていた。子供たちは人並みに手伝ったが、私の料理好きはこの時期に遡る。母は終生、おそらく魚一本、おろしたことはないはずだ。

　父は使った包丁をいちいち砥いで片付けるような几帳面な人で、火鉢の脇に座っても居住まいを正し、周囲を整然と片付け続けた。教育熱心で、保護者会の会長を引き受けたり、子供の答案用紙をクリップで吊り下げておき、兄弟同士で競わせようとする面もあった。

　もちろん、躾にも厳しかったが、子煩悩な方だったと思う。また、父はとても信心深く、仏壇、神棚、荒神様の花や、水などのお供え物も欠かしたことがない。その父が早死にしてしまい、たまに墓参りに行っても住職に毒づくのがせいぜいの母が長寿を保ったのだから、寿命とはそういうものなのだろう。

　当時の時計店は、品物が売れるというよりも、修理代の収入が大きなウエイトを占めていた。便所に落とした腕時計を、何とかしろと持ち込んでくる兵士にイヤな顔もせず、黙々と時計を直している父の姿は見ていて辛かった。私はそんな仕事はするまい、時計屋なんて継ぐものかという気持ちは小さいころ

父は横須賀と縁の深い会津の出身だった

から持っていた。

それでも小学生になると、父は本町の町内会館で毎月二十日に開かれていた市に、私を一緒に連れて行くようになった。その歳で問屋から時計を仕入れる方法などを教えられたのだから、父は私を時計店の後継ぎとして扱っていたのだ。

奉公先の家付き娘と結婚した、自分は養子だという気持ちが、父の行動を制限したことは否めないだろう。現代の養子とは違い、父は服部時計店の当主という役割をわきまえた生き方を貫いた。

父の背中を見て育つうちに、私は商売の何たるかや、商人のあり様を、自然に学んでいたのである。

## 一年で預金倍増を達成

私が心ならずも横須賀信用金庫に入庫して一年が過ぎたころ、金庫内に「本部」を立ち上げるチームに加わることになった。

一九二四（大正十三）年に設立された横須賀信用組合が、一九五一（昭和二十六）年に施行された信用金庫法に基づいて信用金庫に改組されて六年目のことだ。

信用金庫も信用組合も、行う業務はほとんど変わらないが、信用金庫の監督官庁は大蔵省、信用組合の監督官庁は都道府県という大きな違いがある（現在はどちらも金融庁の管轄）。そのため、信用組合の業務範囲は信用金庫に比べてきわめて限定されていた。横須賀信金はせっかく信組から信金に格上げされた格好なのに、まともな人事制度や就業規則はなし。業務体系にしても、本店のほかの四つの支店への指示は、すべて本店から出されるという有様だった。

当時の横須賀信用金庫本店

対外的にも内部的にも、もう少し組織だった運営をしなければならない時期で、本部づくりは二代目理事長の吉井市蔵の直々の命令だった。

とはいえ、信金の経営について何の予備知識もなかった私は、「先進的」といわれていた各地の信金に視察に出かけた。当時はそのために費やした交通費を精算する制度さえなかったのだ。

とはいえ、京都信金、岐阜信金、岡崎信金といった先達に学びつつ、まず一年後に総務部を作った。そして、その総務部を拠点として、横須賀信用金庫にふさわしい組織づくりに取り組んだ。

やがて人事や庶務を扱う総務部、融資の決定権を持つ審査部、業務全般の企画立案や推進を図る業務部などのカタチが出来上がっていった。

その際、心がけたのは、常に三年先、五年先を想定して組織を作るということである。

また、もらい火で行き詰まった私の生家のような中小零細企業を援助するためには、どのような金融機関が必要なのかということを、私なりに考え抜いた。

その結果、地域金融機関としての信用金庫の経営を安定させるには、お金を貸すために預金量を増やすことが第一だと思い至った。そこで業務部で「預金増強計画」を実施して、職員全員、男女の別なく、預金獲得のノルマを課した。親戚、友人、知人の類はもちろんのこと、行きつけの美容院や理髪店から食べもの屋まで、どこでもいいから、預金してもらうようにお願いして回れとハッパをかけた。

その際、年齢やキャリアには関係なく、「目標を達成できないことははずかしい」という考え方を徹底させた。そうしたことも奏功したのだろう、増強計画の実施前に八億五〇〇〇万円だった預金残高は一年で十三億円を超えたのである。

二代目理事長の理解とバックアップがあったのは確かだが、二十代前半で、こういう仕事をさせてもらえたことは、その後の私にとって大きな財産となった。

## クーデターを契機にナンバー2に

二十代後半の私は横須賀信用金庫の組織づくりに励む一方で、この職場における自分の未来像を描けないでいた。

借金のカタに人質にとられたような自分の境遇はもちろんのこと、「初めから信用金庫の仕事をしたくて入庫してくるような人間はいない」と思っていたのである。

ところがそんな私を面白がる人物がいた。南神新聞の社長だった故最上義要さんである。元々、朝日新聞の記者をしていたこともあり、同じく朝日新聞の記者から政界に転身した野田武夫元衆議院議員に心酔していて、私を野田氏に引き合わせてくれたのだ。

当時の野田氏の選挙区は神奈川二区で、鎌倉に住んでいた。一九六三（昭和三十八）年に選挙区を郷里の熊本に移した後も、大好きな鎌倉から国会へ通っていた。

古武士然とした風貌には、どこか近寄りがたい雰囲気があったが、懐の深い人だった。

早稲田大学の雄弁部出身で、物事の本質を飾らずに直言する人柄で人望を集めていた。

私もそんな野田氏の人間性に魅せられ、週末になると野田邸を訪ねてはカバン持ちの真似事をした。私を横須賀信金に縛り付けていた借金が入庫七年目で完済できたこともあり、いつしか野田氏の秘書を経て、政治家になりたいという気持ちも芽生えていた。

私の迷いを知った信金は、総務部次長という肩書と、給与の上乗せを提示してきた。三十歳を過ぎたばかりで部長にするのは早すぎるが、総務部長を空席とし、実質的に総務部のトップに据えるという異例の引きとめ人事である。

信金の仕事の面白さがわかりかけてきた時期でもあり、当面は矛先を収めて信金勤めを続けることにしたが、チャンスは案外早く廻ってきた。

業務革新のために外部の金融機関から役員を迎え入れようとする専務理事・常務理事と、それに

初代（左）、二代目（右）理事長と並ぶ

反対する理事長という構図を逆手にとって、一気に役員にも定年制を導入する提案をしたのだ。

吉井市蔵理事長（二代目）の理解があったとはいえ、クビになったら屋台のラーメン屋でもやるという覚悟を決めてのクーデターだった。家内にも非常時にそなえるように伝えたが「信念通りやりなさい」とゲキをとばされた。

私はこの内紛の裁定を野田氏に依頼した。とうに七十歳を超えていた理事長、専務、常務は退任し、理事長の息子の吉井勝重氏が三代目理事長に就任するというカタチで若返り人事は決着した。

このとき、社外役員の吉水良穂公認会計士の推薦を得た私は三十四歳で理事となり、組織上はナンバー4の座に就いた。しかもわずか三年後に常務理事、さらに三年後に専務理事となり、四十歳で実質的なナンバー2のポジションを手に入れたのである。

## 「門は閉ざすな」の教え

野田武夫氏は熊本県出身で、早稲田大学から朝日新聞の記者を経て政治家になった。第二次池田内閣で総理府総務長官、第二次佐藤内閣で自治大臣などを歴任する一方で、日中友好にも大きな役割を果たしている。

ところが私のような若造相手のマージャンでも、振り込んで負けると真顔で怒る。たとえば私が小三元の「發」のタンキ待ちでテンパイしていたとき、野田先生が振り込んでしまったことがあるが、その時は、「お前は卑怯だ」とこっぴどく責められた。

威圧感さえある風貌と、素朴な人間臭さのアンバランスが、なんともいえない魅力を醸し出す人だった。

私は野田氏から多くのことを学んだが、中でも「人の出入のない家はだめだ。門は閉ざすな」という口癖が忘れられない。人に慕われ、頼られるようになることで、自分が磨か

筆者に大きな影響を与えた野田武夫氏

れ、人が自然に集まる、それこそが「人望」だという意味だ。

　また、「扉を閉めて話していると、内証話をしていると疑われる。扉を開けておけば、疑われることはない」という言葉も肝に銘じている。

　こうした野田氏の教えは、一九八四（昭和五十九）年に私が横須賀信金の理事長に就任して以後、経営の基本方針となった。理事長室の扉を常に開け放っておくことで、人と情報の流れがスムーズになる。様々な人や情報が入ってくることで、より的確な状況把握と判断が可能になる。

　また、必要な情報公開を積極的に行うという意味で、理事長就任直後から個人預金と法人預金それぞれの残高、預金と貸金のバランス、有価証券の内訳、経費や利鞘まで開示してきた。

　当時としては画期的な開示水準で、批判する関係者も少なくなかったが、なんの迷いもなく実行できたのは、野田氏の教えがあったからだ。

野田氏は一九六八（昭和四十三）年、大蔵官僚だった小立毅さんを一人娘のみどりさんの婿に迎えたが、それから間もない一九七二（昭和四十七）年、七十七歳で急逝されてしまった。

生前、野田氏は私と娘婿の毅さんに対して「君たち二人は以後、義兄弟として助け合うように」と約束させた。以来、八歳年上の私を兄貴分とする付き合いが始まった。

毅さんが岳父の弔い合戦で旧熊本一区から出馬した際は、私も応援のために熊本へ飛んだ。それ以後、毅さんは以後十二回連続で当選し、宇野内閣で建設大臣、宮沢内閣で国務大臣・経済企画庁長官、小渕内閣で自治大臣・国家公安委員長を務め、自治大臣在職中には私の長男の媒酌人も引き受けてくれた。

この間、新進党、自由党、保守党を経て自民党に復党した。また、社団法人日中協会の会長を務めるなど、各界で懸念が高まる日中関係のキーマンというべき立場にある。

政治家と実業家に求められる資質は異なるが、世論や組織を動かし、実績を上げるには強力なリーダーシップが欠かせない。そういう意味も含めて、野田氏との出会いが私の信金経営に与えた影響は計り知れない。

## 指導者としての原点は級長

私に「リーダーシップ」があるとしたら、それはいつ、どんなふうに育まれたものだろうか。

私が生まれたのは一九三三（昭和八）年十月六日。母から聞いたところによると、助産師さんが取り上げた瞬間に小便をしたうえ、臍の左上に目立つホクロがあるのもたいへん珍しく、ただ者ではないと言われたそうだ。

ところが一歳のときにかかった百日咳がもとで小児喘息になり、発作を恐れた母は、私を徹底的に甘やかした。「これをしてはいけない」「あれをしてはだめ」などとは一切言わず、わがままのし放題にさせたのだ。

それでも発作を起こす私の喘息を、父は「母源病」だと断じ、横須賀幼稚園へ通わせることにした。母親と過ごす時間を減らし、集団生活を経験させることで、なんとか病状を改善しようと思ったようである。

幼稚園時代は泣き虫で、女の子にもいじめられたが、夢は海軍大将になることだった。ところが家に帰れば、姉や弟妹たちの名は呼び捨てなのに、私だけを「眞ちゃん」と呼ぶ母親が待っている。姉や妹からは今でも「眞ちゃんだけが特別扱いされていた」と責められている始末だ。

一九四〇（昭和十五）年に汐入国民学校に入学したものの、わがままは相変わらず。学校から呼び出された母が「服部君はお父さんの良いところはまったく受け継がずに、お母さんに似たようですね」と言われ、憤慨して帰ってくることもしばしばあった。

海軍大将になることを夢見ていた（七五三祝いの記念写真）

母親のしつけが行き届かずに、わがままで身勝手、よくいえば自由人という評価はこの頃から定着していたことになる。

四年生になると男の先生の多くは出征してしまい、自習の時間が増えた。先生が不在の間の監督は級長の私の責任になる。そこで私なりに知恵を絞り、班長を任命して数人のグループの指揮を取らせることにした。さらに朗読の上手な生徒を指名して『怪人二十面相』を読み聞かせ、クラスの統制をとった。言うことをきかない生徒がいる場合は、力ずくで従えたりもしたが、いま思えば、この体験が私のリーダーシップや組織づくりの原点となっているのだと思う。

そして五年生の夏に縁故疎開を、六年生の夏に終戦を経験し、その間に父が病死した。戦時下で鬼畜と吹聴されていた占領軍が続々と上陸してきたが、実際には陽気で人懐っこい奴が多かった。そんな彼らがくれるチョコレートやガムを仲間に集めさせ、電車に乗って熱海まで売りに行き、金を稼ぐことも覚えた。

長男としての責任を感じるには幼すぎたし、実は弱虫だった。それでも覚悟を決めれば何でもできる。何事も人のせいにはしない。秘密は守る。それが親分の必須条件だということがだんだんわかってきた。

## 水泳が免除される野球部へ

戦時下の横須賀は、「日本で最も重要な海軍工廠」として、米軍の爆撃目標だといわれていた。

一九四四（昭和十九）年の夏から集団疎開が始まり、汐入国民学校の五年生だった私は、妹とともに、福島県白河市の父方の縁戚に預けられ、白河第一国民学校（現白河第一小学校）へ通うようになった。

ほどなく大船の小坂国民学校（現鎌倉市立小坂小学校）へ転校し、父が病死したのはその矢先の一九四五（昭和二十）年三月。建物疎開も進み、歯が欠けたような横須賀では、連日空襲警報が続いていた。

七月十八日、横須賀海軍基地と、基地内の小海に碇泊していた旗艦長門をめがけたグラマンのいたずらに近い空襲があった。汐入小学校も校舎が大破する被害にあったが、一九

姉慶子と一緒に写真に収まる
小学4年生当時の筆者（左）

四六（昭和二十一）年四月、私は汐入小学校の卒業生として旧制横須賀中学に進み、同時に入学した三百五十名とは、その後の六年間をともに過ごして、多くの友人に恵まれた。

横須賀中学は学制改革で「神奈川県立横須賀高等学校」になったが、この「横須賀高校」の名を広く知らしめたのは、二〇〇一（平成十三）年四月の小泉純一郎総理の誕生と、二〇〇二（平成十四）年十月の小柴昌俊先生のノーベル賞受賞だろう。卒業年次は私が「高四」。小柴先生は「中三十二」で九年先輩、小泉首相は「高十二」で八年後輩だ。

中学に進んだ私は野球に打ち込んだ。持病の喘息を治したいという気持ちもあったが、実は全校生徒必修の水泳から逃れたいという一心だった。野球部員は肩を冷やさないようにと、水泳が免除されていたからである。

当時の男児の遊びといえばまず相撲。せいぜいメンコにビー玉だったから、野球そのものにも魅力を感じていた。しかし海水浴場の濡れた砂浜を歩くのさえ苦手な私にとっては、野球部に入るという選択肢しかなかったともいえる。

しかし、今でいう中高一貫教育体制で、どれほど上手かろうとも四年間は球拾いだ。公郷の学校から、大津のグラウンドまでランニングで通い、合宿ともなれば三浦の方までイモの買い出しに行かされる。この四年間の補欠経験が、私に「がまん」ということを教えてくれたと思う。

野球一筋といえば聞こえはいいが、試験前は一夜漬け。答案のすり替えで追試を免れたこともあるし、タバコや、薬局で手軽に買えたヒロポンにも手を出した（今と違い、当時は薬局で錠剤の薬として普通に売られていて、誰でも買えた）。「野球には熱心だが、不良」というレッテルを張られたのもいたしかたない。母が学校に呼び出されたのも再三のことだ。

高校に隣接する曹源寺の裏に廃材で小屋を作り、ゴザや塔婆を燃やして暖をとったこともある。その罪ほろぼしというわけではないが、毎年、大晦日には曹源寺に除夜の鐘を撞きに行く。これはもう三十年来の習慣だ。

## 忘れられない「私の夏」

野球部のレギュラーになれたのは高校二年だ。一流選手になったときに備えて、サインの練習もしていた。それは紙に横書きに書いた字を、縦に見ると、「服部眞司」と読めるように考案したものだった。

逗子開成高校や三浦高校と練習試合をすると、女子学生が見に来るので、エースピッチャーとしては張り切らざるを得ない。ある試合で投げ勝ったとき、友人が女学生から預かった手紙を届けてくれた。「勝利投手さんへ」と書かれた、正真正銘のラブレターである。よし、この機を逃すまいと、仲間内でいちばん達筆で、詩心もある小柴佑武君に代筆を頼んだ。彼はノーベル賞の小柴昌俊先生の弟で、試験の際も何かと私を助けてくれたものだ。彼が選んだハイネの詩が効いたのか、手紙をくれた彼女との交際は順調で、大学に進むまで続いた。

当初、野球部の練習を見てくれたのは、横須賀中学の野球部OBの大久保英俊氏だ。県議会に立候補したときは、部員総出でビラを貼り、自転車に旗を立てて走り、メガホンで連呼するなど選挙運動を手伝った。その甲斐あってか、大久保氏はトップ当選を果たした。私も自転車で走り回って周辺の地理を覚えたが、それが後に信金の集金に役立つとは、とんだ巡り合わせだ。

当時の野球部主力メンバー。後列左端が筆者

次の指導者は、後に追浜高校の初代校長に就任し、県の高野連会長にもなった山岡嘉次先生だ。山岡先生は中京商業（現中京大附属中京高校）が甲子園を三連覇（昭和六〜八年）したときの部長兼監督で、当時は他校の教諭だった。そこに野球部がないこともあり、横須賀高校の面倒をみてくれたのである。

山岡先生は最初に部員全員に「何のために練習するのか」と尋ねた。私は「将来、野球でメシを食えるようになりたい」と答えたが、先生の答えは単純明快。「甲子園に行くためだ」。これを機に部員の意識が変わった。好きで野球をやっていただけの連中が、「甲子園」という目標を持ったのだ。肩を壊した私はエースを二年生に譲り、外野手兼リリーフピッチャーという立場で最後の夏を迎えた。

一九五一（昭和二十六）年の高校野球神奈川県予選。初戦の鎌倉学園戦では、私が押し出しのフォアボールを選んで七対六で勝ち、流れをつかむことができた。続く鶴見学園戦を四対二で勝つと、法政二高に二対一、横浜商業に四対二と、当時の強豪に連勝した。準決勝はナイター設備も備えたゲーリック球場（現横浜スタジアム）で、相手は鶴見高校。勢いに乗る横須賀高校チームは相手のエースを打ち込み、八回までに六対〇という大量リードを奪ったのである。しかし九回裏に一挙に同点に追いつかれて、なおも満塁。おそらくナイン全員が自分のところにボールが飛んで来ないようにと願ったと思う。

その消極さが勝負を分けた。痛恨のサヨナラ負けを喫し、野球に賭けた私の夏は終わった。

いま思うと、四年間の補欠経験は、その後の人生に大いに役立った。縁の下の力持ちの役割がいかに大事か、身をもって知ったし、また人を思いやる気持ちを育む土壌にもなったのである。

## 運を実感した立教大合格

高校野球の県大会、準決勝での敗戦は本当に悔しかった。涙も出た。二週間は家から一歩も出られなかったが、この年頃は心身の回復も早い。

残りの夏休みは、浦賀ドックの工場長の息子に車を借り出させ、女の子に声をかけまくった。目立つジープの効果か、母が浴衣の布を裏に使って作ってくれたアロハシャツの効き目か、ともかく戦果は上々だった。

ただし、野球に負けて急に色気づいたわけではない。中学三年で身長が伸びるのが止まったことからしても、私は人より早熟だったと思う。そうでなくとも、高校生の年頃で女性に関心がないわけがない。関西方面へ出かけた修学旅行などは、日ごろの好奇心を満たす絶好の機会で、そうした高校生専門のあっせん業者が待ち構えていた。

ＧＨＱが公娼廃止令を出してから、売春禁止法の施行（昭和三十三年）までは、いわゆ

高校３年の夏休みに友人たちと遊ぶ（左）

る赤線で公然と売春が行われていた。子どものころから周囲にはそれとわかる人がいたし、違和感もなかった。中学生になったばかりのころには、ＭＰ（憲兵）に追われたヒロポン中毒の街娼を、家に匿ったこともある。捕まればしばらく稼げなくなると知っていて、私なりの理屈でしたことだ。

　地元の横須賀の赤線といえば安浦だが、私は野球の練習を終えてから、安浦を一回りしないと落ち着かなくなっていた。いわゆる「ひやかし」だが、一周する間に、顔見知りの先生に出くわすこともあった。練習でクタクタになっているのに、わざわざ出かけるのだから、ご苦労なことだ。それを知ってか、親しげに声をかけられるのが嬉しかったのかもしれない。

　夏休みが終わると進路を決める時期だ。教室でボール縫いやグラブ磨き、キャッチボールまでやる私のような悪ガキを、「単位はやるから授業に出るな」と追い出す教師もいたが、野球部顧問の志賀勇先生、体育の稲嶺昇先生、担任の中井正美先生、保健室の広瀬ヨシ江先生などが私を気遣ってくれた。「教室では見ないが、グラウンドには必ずいるな」と、笑いながら私をかばってくれた園部保先生も恩人の一人だ。

とはいえ、受験勉強の遅れは埋めがたく、かといって家庭の事情で浪人はできない。そんなとき、立教大学の受験を勧められた。かつて野球部を指導してくれた大久保英俊氏の同級生の野口定男教授がいたからである。

東京大学教授から立教に移った野口教授は、一九六二（昭和三十七）年から十七年間、立教の野球部長を務めた野球通で、試験の点が同じなら有利になるだろうという配慮からだ。

試験日と卒業式が重なり、私を苛めた教師を襲撃する「御礼参り」の計画は断念せざるを得なかった。いろいろなことが幸いしての合格に、自分の運の強さを実感したものである。

## 学業半分、もう半分は興行師

少年時代の私は、一時は「野球に人生を捧げたい」と思い、大学野球やノンプロ入りを視野に入れたこともあった。スター選手になったときに備えて、授業中に種々のサインを考案して悦に入っていた。しかし、立教大学に入った当時は、すでに野球部へ入ることはまったく考えていなかった。高校野球で自分の限界を悟ったからである。

野球を諦めた以上、特にやりたいこともなく、入学直後はおとなしくしていた。しかし、私を「ヨコスカ」と呼んで田舎者よばわりする、付属高校から入学したすれっからし学生が目障りだった。そこで十日間だけ様子を見た後、スクールリングを指にはめたまま、拳にひねりを効かせてこめかみを一撃。その不意打ちで立場は逆転した。

それからというもの、私を中心に学生が集まるようになったが、リーダーでいるためには金が必要になる。そこで思いついたのが「興行」だ。

学生がやる興行だから、学生バンドでダンスパーティーを開けば、ギャラ代わりにメシを食わせるだけでよく、会場費を払えば、後はほとんど儲けになる。儲けた金でブルーコーツなどの人気グループの音楽会を開けば、さらに利益が増えるという仕組みだ。

長嶋茂雄や杉浦忠人気で盛り上がる「立教野球部」を看板に、「六大学優勝記念」と銘打てば、チケットは少々高くてもかまわない。興行場所は都内ばかりではなく、たとえば横須賀で、人気俳優の石浜朗のサイン会を開いたりもした。

アメリカ軍のヤミ物資を集めて熱海方面へ売りに行ったり、熱海行きの座席指定券を前売りで買い占めて、倍の値段で売ったりもした。「興行」といえば聞こえはいいが、どれもヤクザの上前をはねるものだ。怒った連中が横須賀の私の家まで押しかけてきたこともある。逆上したヤクザがねじ込んで来る前に、わずかの金だけ残して仲間を逃がし、あえて私が殴られたこともあった。

立教大学経済学部に入学した当時（右）

比率でいえば、興行に精を出す日と、学

校へ行く日が半々ぐらいだっただろうか。朝は、横須賀線の前から二両目の座席を確保する担当者がいて、私は毎日、東京駅まで座って通った。

東京駅に着くと、八重洲側のグッドという喫茶店に行く。トースト、ゆで卵、コーヒーのモーニングセットが三十円だったが、金のある奴が払うというルールで、多いときは二十〜三十人分を私が払うことになる。こうして集まった学生のうち、その日の授業に出ない者が残る。そうすると、後は気分次第でビリヤードやマージャンなどに流れ、夕方からはダンスホールやジャズ喫茶などへ繰り出した。吉原、新宿二丁目などの赤線も行動半径の中に含まれていて、資金が乏しいときは安浦まで戻るというのが常道だった。

横須賀高校の二年後輩で、現在、朋友会（横須賀高校同窓会）会長の元文伊千夫医師は、私のために、横須賀線の席取りを二年続けたことを持ち出して、横須賀高校創立百周年（平成十九年）の総括実行委員長を務めるように迫ってきた。おかげで私はもうしばらく、多方面に気を遣って過ごさなければならない。

## 「無頼」の大学生時代

私が大学生時代を過ごしたのは、サンフランシスコ平和条約が発効した一九五二（昭和二十七）年から、日本が国際連合に加盟した一九五六（昭和三十一）年にかけてのことだ。NHKなどのテレビ放送が始まったのは一九五三（昭和二十八）年である。

横須賀から立教大学がある池袋までは、横須賀線と山手線を乗り継いでもかなりの距離で、時には終電に間に合わなくなることがある。そんなときはよく、赤坂の老舗の甘味処の息子の、相川眞三郎君の家に泊めてもらったものだ。彼とはどういうわけかウマが合い、横須賀に遊びに来た彼を、逗子や鎌倉に案内したこともある。

彼の店では甘味の店頭販売だけでなく、あんみつやぜんざい、くずもち、アズキアイスなどの出前もやっていた。注文主のほとんどは、赤坂界隈の芸者や料亭の仲居、キャバレーのホステスさんたちである。

後列左から２人目が親友の小柴佑武氏、前列右端が筆者

当時の赤坂は戦前から続く花柳界の面影を残す一方、「赤坂租界」といわれる華やかさを帯びた街として大いに賑わっていた。デヴィ夫人が働いていたコパカバーナ、力道山が刺されたニューラテンクウォーター、ミカドなどが相次いで開店したのもこの頃だったと思う。

私は居候同様に世話になったお礼の意味で、たびたび出前を買って出て、そのうち彼女たちの控室のようなところに入り浸るようになった。彼女たちはあんみつを食べながら、今日は誰が来るか、今日の出前代をどの客のツケにするかということを屈託なく話し合い、時には気前よくチップをくれた。思いがけず、水商売のツボを見聞できたことは、今でもずいぶん役に立っている。

相川君は試験の日程を知らないために登校しない私を気遣って、わざわざ横須賀まで迎えに来てくれたこともあった。そうした友人を持ったおかげで、滞りなく卒業できたのだが、試験といえば赤線に泊まり込んでの一夜漬けが常だった。

赤線の客が帰る十一時過ぎに行くのがお決まりのパターンで、居眠りをしていれば起こしてくれる。小腹が空けばおにぎりや混ぜごはんの夜食を食べさせてくれる。いちばんありがたかったのは、試験に遅れないように、送り出してくれることだった。

情が移るのを避けるため、同じ女性のところには三度までしか行かないと決めていたが、彼女たちの優しい心意気には今でも感謝している。

こうしてたいていの試験はパスできたが、必修の一般教養の一科目だけ単位が取れず、追試も認めない教授がいた。そこで親友の小柴佑武君の知恵で横須賀の地の利を発揮して、当時は高嶺の花だったジョニ黒を持参したところ、追試を受けさせてくれたうえに「良」の評価をくれた。

やや人並みに外れた稀有な経験や、泥臭い人間模様を通じて体得したものの数々が、私の貴重な財産となっている。

## 母と姉に育まれた女性観

学生時代を通じ、あまり勉強はしなかったが、本はよく読んだ。印象に残っているのは、太宰治の『晩年』『斜陽』『人間失格』、三島由紀夫の『仮面の告白』といったところだろうか。

実生活では永井荷風の『濹東綺譚』のような世界に憧れて、玉の井、向島など、東京の下町や川向こうにも足を伸ばした。都心の新宿あたりの赤線に比べると、地方なまりが抜けないままで、素朴で心根が優しく面倒見の良い女性が多かった。私はけっして誰にでも好かれるような性格ではないが、当時の彼女たちにしてみれば、駄々っ子みたいでかわいいところもあったのだと思う。

『オール読物』も毎月読んでおり、中でも舟橋聖一の『芸者小夏』が面白かった。後年のことだが、この小説のモデルになった熱海の美人芸者と親しくなれたのもいい思い出である。

いわゆる「玄人さん」とは別に、女子学生にも当然気持ちは動いた。大学に入って間もなく、意中の女子学生とようやくデートの約束を取り付け、新橋で待ち合わせたことがある。銀座のジャズ喫茶のテネシーに寄った後、レストランで豪勢な食事を張り込むつもりで、ありったけの金を持って出かけた。ところが日比谷公園を歩いているときに急に腹が痛くなり、トイレに行きたくなった。今のようなコンパクトなポケットティッシュはなく、ちり紙を持ち歩くのが普通だったが、持ち合わせがなく、デート相手の彼女にもらったのが運の尽き。それきりフラれて、二度とデートには応じてもらえなかった。

大学２年の夏友人たちと十国峠で（左から２人目が筆者）

名曲喫茶に来る女性グループや、興行で開くダンスパーティーに参加する女性など、出会いの機会は少なくなかったが、女性と上手に付き合うコツは、たからない、金を払わせないことだろう。男に金を出す力がなければ荷物を持ったり、雑用をしたりすればいいのだ。別れるときはその逆で、会うたびに金を借り、愛想を尽かされるようにするといい。こうした女性たちとの付き合いを通して感じたのは、男は嘘をつくし、裏切るが、女性は裏切らないということだ。

信用金庫で仕事をするようになってからも、働く目的は、第一に偉くなりたい、第二に中小企業のためになることをしたい、そして第三に私と付き合ってくれる女性のために働きたいという三点だと明言してきた。女性とは、私に生きる目的やエネルギーを与えてくれる存在なのである。

実際、何人かの女性が私に多くのことを与えてくれた。それは顧客であったり、生涯付き合えるような人脈であったり、さまざまな形で私の人生に多くのプラスアルファをもたらしてくれている。

私は母の影響で茶道や生け花にも関心を持った。母の蓄音機から流れてきたワルツやタンゴ、『女心の歌』に代表されるオペラの序曲が、私の音楽の原点となっている。私が女性を大切に思う気持ちの源泉には、私を育ててくれた母の存在がある。そして幼いころ、喘息の発作に苦しむ私に常備薬のエフェドリンを注射してくれた姉、慶子への限りない感謝の気持ちがある。

## 新婦を不安にさせた「門出」

いかなる場合も「女性にはタカってはならない」を旨としていた私にも唯一の例外がある。

大学に通っているころ、横須賀線の同じ電車に何度か乗り合わせた女子学生に、「小遣いをくれないか」と絡んだことがある。当然といえば当然だが、彼女は次の日からふっつりと姿を見せなくなった。

ところが数年後、横須賀信用金庫に入庫した私の目の前に、偶然にも彼女が居合わせたのだ。

当時の私は借金のカタに働かされていたようなもので、給料のほとんどが返済に消え、遊ぶ金など残らなかった。

自由気ままに生きてきた私が、そんな逼迫した生活に耐えられたのは、ひたすら彼女に

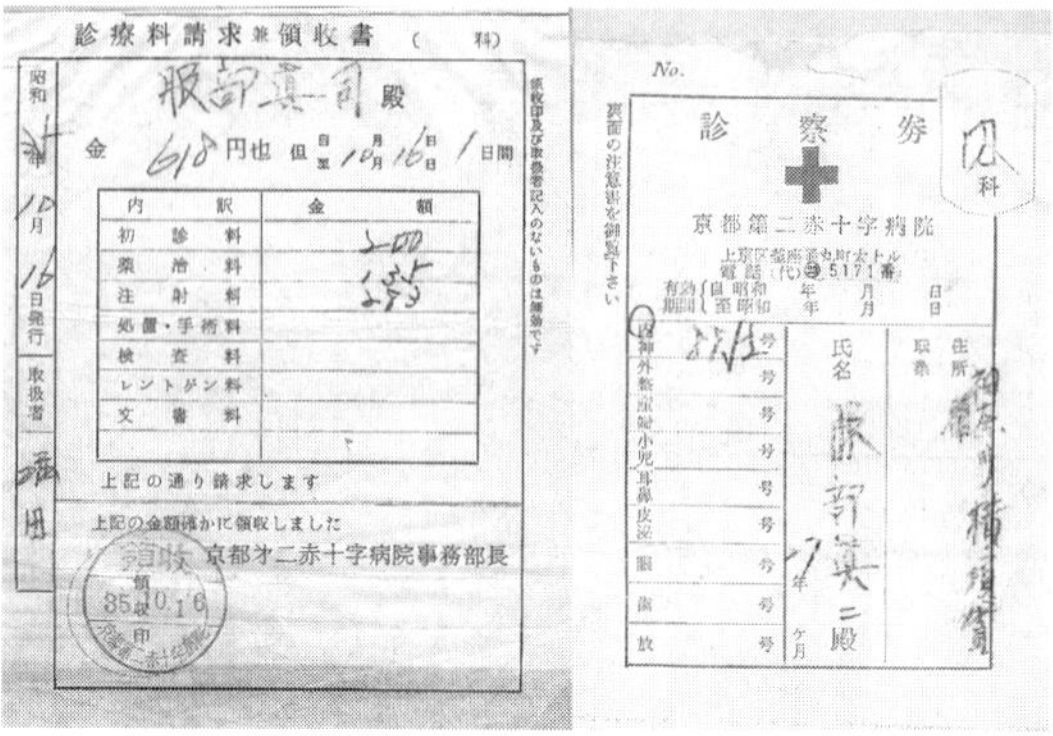


新婚旅行中に駆け込んだ京都第二赤十字病院の領収書と診察券

「たかった」からだ。彼女—順子は現在の私の家内だが、私との結婚には迷いがあったようだ。

　火事で借金を背負い込むまでは、わが家は比較的裕福な暮らしをしていたが、近所の人々は私が家から走り去る足音を聞くと、「また眞ちゃんが家のお金を持ち出して逃げたよ」と噂していた。学校へ通う子どもが小遣い銭をごまかすぐらいは日常茶飯事だったのだ。

　ところが火事を境として、家計は悪化。姉、私、妹の三人が働き、さらには弟も進学を断念して、借金を返す生活を余儀なくされた。そんな私にとって、彼女がくれるタバコ代や小遣い銭は本当にありがたかった。

　横須賀線に乗り合わせた当時の家内は、横須賀女子高等学校（現横須賀大津高校）を卒業して、東京本郷まで通う学生だった。

　地元で知られた悪ガキのことは知っていて、小遣いをせびられた次の日から通学電車を変えたが、就職後に再会したときは、怖いもの見たさのような興味を抱いてくれたらしい。東京でデートをするたびに、下車駅の新橋や有楽町で、落ちている切符を拾って改札口を通る手口を、物珍しそうに見ていたものだ。

結婚式は二十六歳の誕生日を過ぎたばかりの十月十五日。諏訪神社で式を挙げ、横須賀市内のレストラン・まどかで披露宴を開いた。新婚旅行は京都、奈良から那智の滝などを回る予定だったが、京都についたとたん、私の具合が悪くなってしまい、京都第二赤十字病院に駆け込んだ。

診察した医者に、独り言とも取れる声で「緊張して具合が悪くなる奥さんはいるが、ご主人とは珍しい」と言われる始末。挙式の直前まで仕事をしていた過労が原因だが、今思えば、心の奥底に結婚への「躊躇」と、この結婚を恨んでいる女性がいるのではないかという、漠然とした不安があったのかもしれない。

けっきょく京都に一泊しただけで横須賀にトンボ返りし、残りの休暇は家で静養して過ごした。その間に、家内は東京駅まで京都土産を買いに行かなければならなくなった。当時から東京駅には全国の名産や土産物を扱う店があったのだ。新婚旅行を台無しにされた家内にとっては、将来が案じられる結婚生活の幕開けだったことだろう。

## 職場で地歩を固める

結婚した当時の私はまだ、野田武夫先生の家に頻繁に出入していて、信金を飛び出して政界に転じてやろうという気持ちと、信金の中で偉くなってやろうという気持ちが拮抗していた。

ところが結婚二年目の一九六二（昭和三十七）年に得た長女は逆子で股関節脱臼と診断された。家内が娘を背負って毎日のように医者に通い、治療に尽くしたおかげで健常に育ったが、これは何かの報いかもしれない、過去にかかわった女性の恨みかもしれないと真剣に思ったものだ。同じ頃、借金も完済して、信金への義理は解消されたが、不思議なことに政治家への意欲も徐々に薄れていった。意識する、しないにかかわらず、子どもを持つと人は変わるのかもしれない。

その後、二人の男児にも恵まれた。しかし、下の息子が生まれたのは年末で、信金の業務は多忙を極めていた。家内は陣痛が始まってから徒歩で上町病院に行って出産した。ところが年が明けても、誰一人として顔を見に行かなかったものだから、さすがに看護婦に「お宅は御家族は居ないんですすか」と聞かれ、家内は苦笑するしかなかったという。

二男が生まれたころはまさに信金内部のクーデターを画策していた時期で、家族はそっちのけで仕事に打ち込んでいた。幸い、二男が生まれた翌年、三十四歳で理事に就任し、信金内部でもっと上を狙えるポジションに就くことができた。

専務理事時代（左）。３代目理事長吉井勝重氏との打ち合わせ風景

もし、クーデターに敗れたら、その時は信金を去る覚悟だったが、家内は私の決意を支持し、むしろ鼓舞してくれた。現在と違い、ワーカホリックが社会でも家庭でも通用した時代だが、これまで何とかやってこられたのは、母と家内の仲が予想以上に良好で、「やるなといえばいうほどやる」、私の性格をよく教え込み、私の扱い方を伝授してくれたからだと思っている。

私たちは結婚後しばらく、緑ケ丘の家内の実家の隠居所に住んでいたが、その後、横須賀信金初代理事長である柴崎彦造氏の命令で、上町にある彼の家作の一軒に住むようになった。そこで十数年を過ごした後、一九七一（昭和四十六）年に三春町の現在の場所に家を新築し、その際、母にも悠々と過ごしてもらいたいという思いで離れを建てた。

私はその年の五月に三十七歳で常務理事に、四十一歳で専務理事に進み、信金内に着々と地歩を固めていった。

組織内での昇進はツキが五割、上役の引きが四割、実力は一割に過ぎないと思う。多くは天佑だが、ツキは待っていて転がり込むものではなく、努力して呼び込むものだ。私がこの時期にぶち当たった組織の壁は、やがて来るバブルとその崩壊で苦難に直面する私の、働き振りを確かめるために天が与えた試練だったのかもしれない。

父が亡くなったのは四十三歳になった直後で、数え年四十二歳の「男の大厄」、四十三歳の後厄を終えたところだった。私がその年齢を大過なく超えられたのは、父がすべての厄を背負っていってくれたからだと思う。

## 私を育ててくれた女性たち

もらい火のために抱え込んだ借金で、横須賀信用金庫に入庫したのが最初の転機だとしたら、二度目の転機は、その借金を完済した二十代後半だ。このまま信金の仕事を続けるか、政界に転身するか、大いに悩んだ。

政界に魅力を感じたのは野田武夫先生に親しくしていただいたおかげだが、私を野田先生に引き合わせてくれたのが、南神新聞の最上義要社長だ。まだ若造の私が、信金の外車の理事長車に芸者を五人乗せてボウリング場へ乗りつけ、着物の裾をはしょってボウリングに興じていたことをスッパ抜いたのが最上さんだったが、そんなことが人の縁を結ぶのだから面白い。

破天荒な芸者遊びを教えてくれた大先輩のN社長は小唄好きで、赤坂あたりの料亭に三味線を弾ける芸者を呼ぶことが多かった。暮れのお座敷がはねると、浅草の羽子板市へ繰

浅草羽子板市に一緒に行った芸者の一人

り出し、連れの芸者たち全員に羽子板を買ってやる。そういう遊びができる人だった。

私は今も師走になると、毎年十二月十七〜十九日、浅草の羽子板市に行き、求めた羽子板を信金の応接室に飾っている。

野田先生から学んだことはとても多いが、結果的に信金に残り、今日の私があるのは、二代目理事長の吉井市蔵氏のおかげだといえる。

若輩の私は、信金幹部の秘書として外出に同行する機会も多かった。初代理事長の柴崎彦造氏には、入れ歯磨きやフンドシの洗濯までさせられたが、私にとっては意味のある修行になったと思っている。二代目の吉井理事長は私に目をかけてくれて、自由に使える金が入った財布を持たせてくれた。そのおかげで、料亭にも色街にも、ゴルフにも出かけることができ、そうした中で多くの女性と知り合えた。

料亭で先輩諸氏の下足番をしていた時代から、懇意にしていた仲居さんや女将たちには、後にずいぶん助けられた。学生時代から酒が飲めない私が、交渉ごとの接待役をソツなくこなせたのは、彼女たちの機知や心遣いがあったからだ。

そして、四十歳を過ぎてから私の髪形が現在のように変わったのは、美しい若い女性の影響だ。彼女は優れた歌手で、音楽面でも大きな影響を受けたが、湘南信金のポスター作り、女子職員や野球部のユニフォームのデザインなどにも素晴らしいセンスを発揮して、湘南信金のイメージアップに大いに貢献してくれた。

また、横須賀で宝塚や雅楽の公演を開くことができたのは、東京在住の企画会社の女性社長の存在があったからだ。他にもお茶の心得や日本文化のマナーなども教えてくれた優秀な女性である。

仕事の付き合いで知り合い、世話になった人の数では、圧倒的に男性が多い。しかし私に大きな影響を与えるとともに、有形無形の財産をもたらしてくれた人となると、深い感謝の念とともに、より多くの女性の顔が、次々と思い浮かんでくるのである。

## 先輩理事長たちの思い出

初代理事長の柴崎彦造夫妻は子どもがなかったせいか、結婚後、妻の実家の隠居所で暮らしていた私たちを、上町の自宅の隣りの自分の家作に住まわせた。柴崎理事長は返還前の沖縄視察の土産に、ウィルソンのクラブセットをくれた。有名なケチがよくくれたと他の人たちはビックリしたり、いつ返せというか分からないといっていた。しかし、二十代後半に初めてクラブを握って以来、ゴルフの魅力にはまっていた私には嬉しいプレゼントだった。ところが柴崎氏は、それがまるで形見分けでもあったかのように、一九六八（昭和四十三）年に急逝した。その後、私は三春町に家を建てて転居したため、上町の柴崎邸には、残された妻のセイさんが一人で暮らしていた。

ところが一九八七（昭和六十二）年の一月のある日、私の妻がセイさんを訪ねて、亡くなっているのを発見した。私が鎌倉信用金庫の会長のところに新年の挨拶に行っていた日のことだ。すでに八十四歳だったセイさんは、晩年は近所づきあいもなく、ひっそりと暮らしていたため、誰にも気づかれないままの衰弱死だった。
びっくりした妻は腰を抜かし、警察を呼ぶにも手が震え、電話をかけられる状態ではなく、相当に苦労したようだ。当初は変死扱いで、ちょっとした騒ぎになると同時に、少子高齢化社会の悲しい現実を痛感させる事件でもあった。

初代理事長・柴崎彦造氏（左）と

かつての信金の理事長は、地域の有力者がなるものだった。二代目理事長の吉井市蔵氏の実家は大黒屋という牛鍋屋で、店先にイノシシの毛皮が吊るしてあったのを覚えている。

二代目理事長に代替わりして十年ほど経ったころ、当時の専務と常務が、外部から役員を迎え入れようと画策し、吉井理事長と対立した。私は日ごろから目をかけてくれていた吉井理事長の味方となり、野田武夫先生の裁定を仰いで人事的な決着を図った。職員に六十歳定年制が敷かれていたのに倣い、役員にも定年制を導入するという名目で、すでに七十歳を超えていた理事長、専務、常務は退陣、理事長の息子の吉井勝重氏が三代目理事長となった。三代目理事長は、私の働きで理事長に就いたという気持ちがあったのか、私の地位を早々に引き上げてくれ、私は入庫十五年目で常務理事に、十八年目で専務理事になった。

三人の先輩理事長の中で、私をもっとも助けてくれたのが、二代目の吉井市蔵氏だ。物分かりのいいスポンサーとして、仕事と遊びの垣根のない私の行動を許容してくれたのである。もっとも、折を見て小遣いをくれるというのとは違い、「貸しておいてやるぞ」というニュアンスだったが、さすがにお金が必要となるツボを心得ていて、それが人脈作りと経験の蓄積に大いに役立った。その一方、夜中に電話で呼び出され、夫婦喧嘩の仲裁を務めさせられたことも再三あった。

晩年は、行きつけの理髪店に行くたびに、大金のつもりで千円を渡して、「釣りはとっておけ」という好々爺になっていた。

酒がまったく飲めないのに毒舌で、「正気の酒乱」といわれる私を、いっぱしの信金マンとして育ててくれた三人の先輩のことを思いつつ、若い人を育てることの大切さを噛みしめている昨今である。

## 「地域へ還元」という理念を実践

信用金庫業界には、利益をまず従業員に、ついで会員（出資者）に還元し、その残りは自庫のために蓄積するという「利益三分法」という通念がある。これは信用金庫に就職した時点で、誰もが教わることだ。

しかし、果たしてそうだろうか。信用金庫は銀行と同じような金融機関だと考えられているが、歴然とした違いが存在する。それは、信金は中小零細企業専門の金融機関であり、地域金融機関だということだ。つまり、相互扶助の思想に支えられている。

大蔵省時代の信金の定義は、銀行とは別枠の「雑金融機関」で、「無尽講」という相互扶助精神に基づく金融システムで成り立っていた。そのため、かつての信金の融資は会員限定で、その代わり、借りたお金で儲けた人はわずかでも貯金をして、他の会員の困窮に備えるということが暗黙の了解となっていた。限られた地域の、小規模な業者たちの、ささや

いまでも入魂の仲の医療法人眞仁会の理事長笹岡拓雄氏（上）と会長久保田智氏

かながら、温かい約束事で成り立っていたのである。

株式会社である銀行には「相互扶助」という考え方は馴染まないが、バブル時代は銀行の真似をすることを先進的と誤解している信金ばかりが増えた。地域の顧客のお金を安全に預かり、地域の中小企業や個人に対する融資やローンに柔軟に対応する姿勢を捨て去ることは、信金が自らその独自性を捨て去ることだ。

もらい火で窮地に陥った服部時計店を救ったのは信金だということを、身をもって知っているからこそ、信金は地域の弱者を救う機関であるべきだと思う。だから私はいわゆる「利益三分法」に地域への還元を加えた、「利益四分法」を標榜しているのである。

「地域への還元」という理念を最初に実践したのは、透析センターの開設だ。国技館がまだ蔵前にあったころ、溜席で隣に居合わせたのが東京医科歯科大学第二内科の大渕重敬教授だった。ともに相撲好きということもあってすぐに意気投合した。

その直前、若手職員の一人が腎不全から尿毒症を併発して亡くなり、「透析設備があれば助かったのに」と悔やまれていた。そのことを相談すると、大渕教授は自分の医局から横須賀共済病院に、若手医師を派遣してくれたのである。

こうした基盤整備を経て医療法人眞仁会を設立し、東京医科歯科大の協力を得て、一九七四（昭和四十九）年二月に横須賀市小川町に横須賀クリニックを開設し、三浦半島の腎臓透析環境のレベルアップに着手した。

その後、一九八八（昭和六十三）年七月に逗子桜山クリニック（逗子市）、一九九一（平成三）年に三浦シーサイドクリニック（三浦市）、二〇〇二（平成十四）年十二月に久里浜クリニック（横須賀市久里浜）を開設し、四施設合計の透析ベッド数は二百四十四にのぼる。また、一九九七（平成九）年六月には三浦シーサイドクリニックの隣に介護老人保健施設「なぎさ」を開設して、透析患者の高齢化にも備えている。

こうした責任の重い事業を支えてくれている医師が笹岡拓雄、久保田智両先生で、いまでも入魂の仲である。

## トップを目指す気概

私が横須賀信用金庫の理事長になったのは、一九八四年（昭和五十九）年三月六日。五十歳になってちょうど五カ月目だった。

私はそれに先立つ十三年を常務、専務として過ごしたが、その間、「理事長になったら何をするか」ということを、あれこれ考え、練り上げていた。それらをメモとして綴り、いまも宝として保存してある。

一九八二（昭和五十七）年に総理大臣になった中曽根康弘氏が、「駆け出しのころから総理大臣になったらどうするかを考えて仕事をしてきた」と語っているのを聞いたからだ。私とはスケールが全然違うが、トップになることを前提としてキャリアを積むことは大切だと思う。

早く実行したいこともあったが、どれも当時の常識からすれば突拍子もないことばかり。

無理強いすれば組織がおかしくなりかねず、自分の信念をカタチにするには、まずトップになることが先決だった。入庫から二十八年目、やっとその「時」が巡ってきたのである。

最初に手をつけたのは人事制度で、年俸制を導入することだった。理由は至極単純で、定時昇給やベースアップというくだらない仕組みを合理化したかったからだ。

だから、当初の仕組みは簡便なもので、基本的な昇給率は3％。一部の若年層や特に成果を上げた中間層は4、5％にアップし、年配層は1％に抑えるといったものだった。

経営情報を開示した冊子。理事長就任以前から積極的に取り組んでいる

また、年俸制の導入と同時に、住宅手当、家族手当、集金手当、出納手当の類を全部本俸に組み入れた。結婚するか、子どもを何人作るかという選択は自己責任であり、会社が手当を支給するのはおかしな話だ。それよりも本人の業績を的確に評価することが大切だと考えて、賞与と手当とを明確に区別し、賞与は一定の評価基準に基づいてきちんと支払うようにした。

そんなドライな考え方は日本には馴染まないという

批判も多かったが、二〇〇四（平成十六）年一月現在、中小企業（従業員数が三百～九百人）の年俸制導入割合は、約27％に達した。その十年前と比較すると二割以上も増加している。

今から二十二年も前のことだけに、強引だったという評価は甘んじて受けるとしても、方向性としては正しかったということになると思う。

もうひとつ、理事長就任と同時に行ったのが信金の情報公開だ。一九八四（昭和五十九）年に刊行した『レポート'84』に、預金残高、バランスシート、有価証券の内容、経費から利鞘まで、あからさまに開示した。

情報公開は今風にいえば「ディスクロージャー」で、まっとうな企業経営の常識となっているが、当時は重要指数は外部秘とされていたため、そこまで踏み切る金融機関は皆無だった。

これは、野田武夫先生の「扉はいつも開けておけ」という教えを、信金の経営において、最初に具体化したケースといえるだろう。

## 金融自由化を控えた葛藤

私の横須賀信金理事長就任（昭和五十九年）と相前後して、金融業界を取りまく環境も大きく変わり始めていた。

いわゆる「金融自由化」で、一九八四（昭和五十九）年五月に、当時の大蔵省から「金融の自由化及び円の国際化についての現状と展望」が発表され、預金金利の自由化、外国銀行の信託業務参入、在日外銀の国債ディーリング等を柱とする金融自由化方針が示された。

一九八五（昭和六十）年六月には金融制度調査会が「金融自由化の進展とその環境整備」についての答申を踏まえ、制度問題研究会を発足した。そして、一九八七（昭和六十二）年十二月、同研究会が「専門金融機関制度のあり方について」の中間報告を行い、これを受けて設立された委員会が、金融機関の業態区分などについての検討を始め、一九八九

理事長就任後、鎌倉・明月院で

（平成元）年五月に「新しい金融制度について」という中間報告書案がまとめられた。

この報告書案には、それまでの金融制度の枠組みを見直すとともに、金融制度調査会の中に、地域金融のあり方についての検討の場を設けるべきだという方向性が明示されている。

戦後の高度成長期において、中小企業を対象とした地域の専門金融機関として機能してきた信用金庫のあり方が真っ向から問われる時代になったのだ。

確かに、利用者の立場からみれば、信用金庫の業務内容は、銀行とほとんど変わらない。

信用金庫では、一九八一（昭和五十六）年に外国為替業務の取り扱いが可能となり、一九八五（昭和六十）年には国債等の売買が認可された。一九八九（平成元）年には、全国信用金庫連合会に長期固定金利資金を供給するための債券発行が認められるなど、業務面でも信金の「銀行化」が進んでいた。

しかし一九五一（昭和二十六）年の信用金庫法によって成立した信用金庫は、会員による相互扶助組織金融機関という協同組織の利点を残しながら、時代に即した公共性を備えた地域金融機関となるべく誕生したもので、地域の中小企業や個人の金融の円滑化を目的としている。株式会社として、株主の利益を追求する銀行とは、存在価値も、経営の目的も、根本的に異なるが、その相違が外部からはわかりにくくなっていた。

しかも一九八六（昭和六十一）年末あたりに端を発するバブル景気の中で、全国の信金は、貸し出し競争の激化による貸出金の利鞘の縮小、預金に占める貸出金割合の上昇といった現実を見失いかけていた。横須賀信金の経営は順調だったが、当信金も大口貸出金が増え出してきていた。一九八七（昭和六十二）年十月のブラックマンデーの衝撃の中で、私は信金業界の革新の必要性を痛感した。

そこで業界幹部に改革案を示し、意見を交わしやすい組織づくりを進めるように訴えたが、まったくというほど手応えがなかった。私がまだ若いということを差し引いても時代錯誤というべき反応だった。

## 「関信金昭和会」を結成

大蔵省が示した金融自由化とは、大雑把にいえばその後の十年で、金融機関の垣根を取り払うというタイムスケジュールを示したものだ。

少なくとも私はそう解釈した。信用金庫は中小企業への融資業務に特化し、もっとも専門化が進んだ業態として、戦後の経済成長を支えてきた。大蔵省や金融制度調査会は、そうした歴史的経緯や功績を認めつつも、信金を俎上に乗せた。信金無用論さえ飛び出す状況に、私の危機感は募った。

そこで、一九八八（昭和六十三）年七月、東京都を除く関東甲信越九県の七十七の信用金庫のうち、昭和生まれの理事長ばかり十六人を集めて、「関信金昭和会」を結成したのである。

その当時、信用金庫は全国に四百五十五庫あり、総店舗数は七千六百十一。預金残高の総額は六十一兆円に達していた。これほどの規模を持つ信金業界が、金融自由化という未曾有の環境変化に対応するには、体力も気力もある昭和生まれのリーダーがみっちり勉強して理論武装し、戦う集団にならなければいけないと思ったからだ。

昭和会をリードした諏訪信金の宮坂久臣理事長(左・当時)と

信用金庫の多くは特定の地域や業種を母体とする信用組合から発足したため、地域や業界の有力者が理事長や理事に就いていることが多い。しかも終身的という慣例があるため、当時の信金理事長の全国平均は六十七・三歳。三十六歳という青年理事長（二世）もいたが、最高齢はなんと八十九歳である。この年の秋に五十五歳になる私は、プロパーでは最も若い理事長だった。

会員を昭和生まれに限定したのは、私と考え方が近いという期待に加えて、世代交代という爆弾で、信金業界に刺激を与える意味もあった。

信用金庫業界には、全国信用金庫協会（全信協）や、全国を十一ブロックに分けた地区組織が存在する。その全国信用金庫協会でも、神奈川を含む関東信用金庫協会で実権を握っているのは会の結成を若手の反乱だと批判する長老理事長ばかり。その結果、当時の全信協会長には「除名する」と言われたし、各地の長老理事長から「世の中はそんなに甘くない、止めておきなさい」という意見が相次いで寄せられた。ついには会長の私や、副会長を引き受けてくれた諏訪信金の宮坂久臣理事長を除名しようという声まで飛び出したのには呆れたが、いまでは懐かしい思い出だ。

しかし、こうしたバッシングの中で立ち上がった関信金は、「古いしきたりや仕組み、垢だらけの感覚を改めなければ、もう信金は生き残っていけない」。そう考える人たちから、大きな期待を寄せられる研究会となった。

週休二日制の完全実施を翌年に控えて、金融機関にとっては現金自動預け払い機の整備が急務だった。信金の独自商品の開発や人材育成など、取り組まなければいけないテーマは山積していたが、いわば、派中に派を作るような行為に対する風当たりは強く、強烈な切り崩し工作にあった。そんな逆境の中で残った十一人の結束は固く、使命を終えたことを確認した解散式まで、およそ十年にわたって地道に活動を続けた。このことは今でも誇りに思っている。

## 信金の独自性を模索

関信金昭和会のメンバーは、信金は、都銀や地銀に追随するのではなく、突飛と思えるような発想でもいいから、知恵を持ち寄り、企画力を磨く必要があると考えていた。そこで良いものはどんどん真似し合い、いくつかのテストケースの中から信金の独自性を打ち出していこうという立場で、勉強会を重ねていった。

たとえば、一九八六（昭和六十一）年三月に、景品額の上限が百八十円から五百円に引き上げられた。そこで横須賀信金では取引先の農家から、農協を通さずに直接調達した大型トラック三台分、約六千個ものキャベツを粗品として配布した。あるときは地元の新鮮な生ワカメを粗品にしたが、どちらも非常に好評をいただいた。

どこの銀行でも、どんな信金でも、窓口でもらえるのはティッシュや洗剤ばかりという状況を変えたかったからだ。

粗品に6,000個のキャベツを配付

顧客が何を喜ぶか、考えた末の決断だったが、信金に問われているのは、地域と手を携え、地域に溶け込み、地域とともに成長しようとする姿勢だと思う。

湘南信金になってからの一九九四（平成六）年には、東京大和信用組合との合併記念と銘打って、「懸賞金付定期預金・ブルー湘南」を発売した。わずか四カ月の募集期間で千三百億円を集める人気商品となったのは嬉しかったが海外からの申し込みが多かったのには驚かされた。

もっとも、このヒットには反省材料もある。一挙に預金高が増えたことは喜ばしいものの、満期が近づくにつれ、解約される不安にさいなまれた。職員総動員で継続預け入れの勧誘を行い、土・日曜にも全員出勤して頑張った結果、幸いにも88%の継続率を確保して、ホッと胸をなでおろした。やはり預金はジワジワと増やしていくべきである。いくらブームを起こしても、後始末に追われては本末転倒だ。

発売当初の懸賞金は十万円で、当局からは射幸心を煽るという批判もあったが、現在も続けている。二〇〇六（平成十八）年四月からは第二十七回目の募集が開始されているが、十万円を一口として十万円が十本、一万円が百本当たる仕組みだ。今でもリピーター率が高いことは自慢しても良いだろう。

湘南信金の成果を見て、関信金昭和会のメンバーの中にも、同様の商品を扱いたいと考えた信金が相次いだ。当時、規模の小さい信金は自前のコンピュータがなく、協同事務センターを利用していたが、そういう信金の中でも、手作業の事務処理で発売に踏み切ったケースがある。それは顧客の喜ぶ顔が見たいという一心があるからこそできたことだ。

昭和会の試みがすべて上手くいったわけではないが、しかし都市銀行のような上位業態に追随していては、信金の独自性は失われていくばかりだ。どんなに古典的だと批判されても、信金には相互扶助の精神、義理、人情、地域貢献といった、日本らしい発想が不可欠である。金融がどんなにグローバル化しても、アメリカンスタンダード一辺倒の金融政策は、将来に大きな禍根を残すものだと思う。

## 生き残るための合併

「金融自由化」という言葉が頻繁に使われるようになったのは、一九八〇年代になってからだ。しかし、この耳あたりの良い言葉が持つ本当の意味に気づいた人が、いったいどのくらいいただろうか。

日本の金融市場は、各種銀行、信金・信組、証券会社、保険・生保などが、器用に棲み分けていた。その垣根が取り払われてしまった時、横須賀信用金庫はどうやって生き残っていけばいいのか、それを考えることは、理事長の責務である。

日本経済に冷や水を浴びせた「ブラックマンデー」は、一九八七（昭和六十二）年十月十九日。翌日の日経平均株価は14・9%も暴落したが、その影響は一時的なものにとどまった。空前のバブル景気に酔う金融機関は、金融の完全自由化を前にしても、顧客の奪い合いに目の色を変えるばかりだった。

人は誰しも、暗い未来など想像したくない。しかし好景気には必ず終わりが来る。その「時」への備えは絶対に必要なはずだ。

私は横須賀信金がこれから進むべき道として、銀行への転換、他の金融機関との業務提携、他の信金との合併という三つのパターンについてシミュレーションを繰り返した。そして、スケールメリットを享受するための「合併」が、最良の選択だという結論に達したのである。

合併を考え始めたころ

それからというもの、「合併」に向けて、私の孤独な戦いが始まった。金融機関の合併は、極めてデリケートなテーマだ。合併話が表沙汰になれば、双方の経営の安定化や信用秩序の維持に、時にはマイナスの影響を及ぼしかねない。

待ちかねた一報が入ったのは一九八八(昭和六十三)年の十一月。伊豆の伊東温泉で遊び、横須賀へ戻る車中で、取り付けたばかりの自動車電話の受話器から、「理事長にお会いしたいというお電話がありました」

という秘書の声が聞こえてきたのである。

待ちかねた面談を承諾してくれたのは、鎌倉信用金庫の竹嶋文夫会長で、私が横須賀信金の専務理事だった時代から親交があった。十五歳年長の竹嶋会長が兄貴格で、毎年の年始の挨拶を欠かさない付き合いを続けてきた間柄だ。信金の経営に携わる者同士として、金融自由化について激論を戦わせたこともある。

かつて、まだ四十代後半だった私は、竹嶋会長から「横須賀信金を辞めて鎌倉信金に来ないか。すぐに理事長にしてやるぞ」と声をかけられたことがある。その誘いに心が動かなかったといえば嘘になるが、「二つの信金が合併すればいい」という考えは、その時に生まれた。

横須賀信金が生き残る道として、「合併」というスケールメリットの享受を選んだとき、合併相手としてすぐ鎌倉信金が思い浮かんだのには、そうした経緯があったからだ。

## 極秘裏に進めた合併話

どんな場合でも、いきなり合併話を持ちかけてうまくいくはずはない。

そこで、私の結婚記念日を口実に、鎌倉信金の竹嶋会長夫妻を昼食に招くことにした。

一九八八（昭和六十三）年十月十六日、場所は「葉山ホテル音羽ノ森」のレストラン。

二組の夫婦は、秋晴れの日差しに映える湘南の海を一望しながら、食事を楽しんだ。

しかし私は合併話を切り出すことができなかった。

本当はその直前、ラジオ日本の「こんにちは鶴蒔靖夫です」で収録した「信用金庫のこれから」を竹嶋会長に聴いてもらい、合併の必要性を説くつもりだったが、切り出すタイミングがつかめないまま、時間ばかりが過ぎていった。

ようやく食事が終わった帰り際、「一対一で話したいことがあるので、一度、時間を作っていただきたい」と声をかけるのが精一杯。竹嶋会長が席を立った一瞬のタイミングをとらえたもので、おそらく竹嶋夫人の耳にも届かない、密会の依頼だった。

その時、竹嶋会長が私の意図をどこまで汲んでいたかはわからないが、会長の返答は「いずれどこかで、会う機会はつくろう」というものだった。

合併を期して最初の一手を打った私は、その日、生まれて初めて湘南の海を「きれいだ」と思った。

ともあれ、後は連絡を待つしかない。返事がないからといって、こちらから催促しては負けだ。そう自分に言い聞かせながら、ジリジリする気持ちを抑えた。

それだけに、伊東温泉から戻る車中で、「鎌倉の会長から連絡があった」という一報を受けたときは「しめた！」と思ったものだ。

二度目の会談の席は竹嶋会長が指定した。七里ケ浜のレストラン「珊瑚礁」で、名物のカレーを食べながら、この日は単刀直入に合併の話を切り出した。「ちっぽけな信金が隣

ラジオ番組に出演して信金の未来を語る（左）

同士で競争しても仕方がない。金融自由化に備えるには、スケールを大きくして経営体力を増強しなければ立ち行かない」と切々と訴えた。そして、「鎌倉でも、横須賀でもない、新しい『湘南信用金庫』を作ろう」と持ちかけたのである。

当時はまだ、預金さえ集まれば安穏としていられる時代だった。竹嶋会長もスケールメリットの重要性は理解していたが、合併話は業界のタブーである。

会長は私の話を聴きながら、頷くでもなく、ただ唸っていた。そして「内々でよく相談してから返事をしよう。だが服部、こういうことは、そう簡単にはいかないよ」と諭された。正直なところ、あまり期待を抱ける感触ではなかったが、こうなったら再度の連絡を待つしかない。

今から思うと即断即決型の私がこれだけ腰を据えて行動できたのは、合併にかける強い信念があったからだろう。また、「積極的な待ち」という事も身につけつつあったからだろう。三度目の会談が決まったのは十一月も後半のことだった。

## 横須賀＋鎌倉＝湘南で飛躍を期す

横須賀信金と鎌倉信金の合併を画策する三度目の会談の場には、再び「音羽ノ森」を選んだ。ただし、今度は個室をリザーブして、竹嶋会長が十五分遅れて来るように設定した。竹嶋会長は開口一番、「この話は面白いから継続しよう」と切り出してきた。私は涙を流してかき口説く覚悟でいたが、この返答で状況は一変した。それでも、「ありがとうオヤジ、よろしく頼む」と涙を溜めて謝意を表そうと思った。だが涙が出てこない。自然に顔がほころぶのを止められず、かといって、笑うわけにもいかない。

奇妙に引きつった面相の私に竹嶋会長は、「合併の成否はこれからだが、『湘南』という名の信金はいいな」と言い、大声で笑った。

横須賀信金と鎌倉信金の合併の本来の目的は、来るべき金融自由化に備えたものだが、実は私の「湘南コンプレックス」も大きな原動力となっている。

私が横須賀高校の一年生だった一九四九（昭和二十四）年夏、湘南高校の野球部が甲子園大会で優勝し、慶応普通部以来、三十三年ぶりに優勝旗が箱根の関を超えた。同じ高校球児としてうらやましくもあったが、確かに当時は、何度練習試合をしても勝てなかった。有名大学への合格率も常に湘南高校が上位で、横須賀高校は湘南高校には勝てないという意識が染みついていた。

憧れ続けた「湘南」＝SHONANのロゴ

そして、いつか「湘南」を名乗ることが、私の夢になった。当時、湘南高校の学区域だった鎌倉の信金を合併して、「湘南」の名を冠することは、その夢の実現でもあったのである。

その後、竹嶋会長はもっとも信頼している岩永専務理事を交渉担当者に指名した。鎌倉信金では、岩永専務以外の全役員が公然と合併に反対したが、役員待遇は継続、給与は若干高い横須賀信金に合わせるという路線ですり合わせを行った。

そして、一九八八（昭和六十三）年十二月一日、岩永専務と私とで仮覚書を作成し、横浜の料亭、般若亭で仮調印を行った。このとき、横須賀信金側の実務担当者だった清田智久常務理事は、まだかなり大型だったワープロの風呂敷包みを持ち込んだ。覚書の訂正に備えたものだったが、見ようによっては怪しい姿だし、会合の目的も知られてはいけない。昔からここの女将をよく知っていたため、誰が何のために集まっているのか分からないように、ガードを堅くしてもらうことができた。

そして十二月五日、私と鎌倉信金の竹嶋会長、中村理事長の三人は、調印を終えた覚書を携えて大蔵省関東財務局を訪ねた。

実はこの訪問に先立つ二日前、大蔵省ＯＢの野田毅衆議院議員を通して、銀行局長に合併の概要を伝え、「合併の合意に達したので相談にうかがいたい」という電話を入れてもらっておいた。このため、当日は直接の監督官庁である関東財務局長・理財部長・次長、金融課長らが、驚きつつも速やかに対応してくれた。

## 合併に合意するも課題が山積

大蔵省関東財務局への合併の申し出は一九八八（昭和六十三）年の暮れだったが、関東財務局では早くから認可の方向で固まっていたようだ。担当の理財部長が「湘南信金」というのはいい名前だ、早々に進めようとハッパをかけてくれた。

一九八八（昭和六十三）年十二月七日の同時刻に、横須賀信金、鎌倉信金それぞれで理事会を開いて合併を決議。八日に鎌倉信金の理事長室で正式な合併覚書の調印を済ませると、九日に横浜経済記者クラブでプレス発表を行った。神奈川県内ではおよそ三十年ぶりという信金同士の合併は、大きな驚きをもって迎えられた。

この間、横須賀信金サイドで、鎌倉信金との合併が水面下で進んでいることを知っていたのは、私と清田智久常務の二人だけだった。だから庫内の上層部を集めて合併を発表したところ、驚きによる一瞬の静寂の後に、誰からともなく万歳の連呼と拍手の嵐が起きた。

あのときの職員たちの誇らしげな顔は、今でも私の脳裏に焼きついている。

そして十二月十五日、横須賀信金の理事長室で、正式な合併契約書に調印を行ったのである。

しかし、本当に大変なのはこれからだった。合併の合意に至ったものの、役員任期の調整や業務内容のすり合わせ、電算機の統一など、時間を要する作業が山積していた。大は看板、小は伝票一枚に至るまで、すべてを一新しなければならない。

それから合併をスムーズに運ぶため、鎌倉信金の各支店に横須賀信金の職員を次長級で送り込み、合併に反対している職員を洗い出した。彼らが合併後に禍根を残さないよう、鎌倉信金の人事制度の中でリストラを強行したのである。

鎌倉信金への出資者や顧客に対する説明も急務だった。鎌倉の顧客は御主人様や旦那様、奥様と呼ばれる人たちで、文士や画家も多く、「横須賀」と名のつく金融機関の乗っ取り

横須賀信金の理事長室で正式な合併契約書に調印を行った筆者（左）と竹嶋会長（中央）

を警戒していたのだ。

そこで、鎌倉信金側に大口取引先や優良顧客をリストアップしてもらい、連日、北鎌倉駅前の「門前」、大仏様の前にある「華正楼」などで昼食会を兼ねた説明会を開いたのである。

私はその場で、預金残高八百十五億円の鎌倉信金と、二千七百億円の横須賀信金があえて対等合併する、このままでは資金繰りに詰まる可能性があり規模を大きくしないと生き残れない、本店は鎌倉に置いて横須賀は営業部とする、双方の顧客を絶対差別しない、合併でこれまでよりも必ず良くなるということなどを説き、合併への同意を求めた。

そして、「鎌倉」とか「横須賀」とかで競うのではなく、「湘南」という、よりスケールの大きなフィールドで躍進を期すという意欲を、誠心誠意訴えたのである。

合併後の「本店」を鎌倉に置く代わり、横須賀を本部と改め、納税地を本部のある横須賀税務署にしてくれるよう、関係者にお願いした。これに尽力してくださったのが、後に顧問になってくださった小林茂氏（元熊本国税局長）である。こうして横須賀、鎌倉、双方の顧客に面目を保つことで、合併がスムーズに運んだと思う。

しかし理事長の私が鎌倉、横須賀に三日ずつ出勤する約束は守れず、本店登記も数年後には横須賀に戻してしまった。

## 吉兆——メジロの巣立ち

私の家は、京浜急行・堀ノ内駅の後背地、山を切り開いた高台にある。横須賀信金と鎌倉信金の合併工作に着手した当時は築後十二年目を迎え、植栽や芝生も土に馴染み、それなりの風格を見せていた。しかし来客が多いこともあり、応接間の手狭さに不便を感じていた私は増築を考えていた。

知人の意見に従い、家相鑑定の大家の見立てを取り入れて設計した家だったため、改めて増改築の鑑定を依頼したところ、工事は一九八八（昭和六十三）年の六月から十月に行い、母屋と応接間を離して、渡り廊下でつなげなければならないといわれた。

厄介な話だが、家を建ててから大過なく過ごして来られたのも、家相が良かったためだと思い直し、新築時と同じ棟梁に依頼した。

ところが昔堅気で職人肌の棟梁は、気が進まなければ何日も仕事をしない。一日でも早く仕上げてもらいたいという注文主の意向などお構いなしだ。しかし、さすがというべきか、方位鑑定の大家の定めた期日の最終日に、待望の応接間が完成した。

同じころ、鎌倉信金の竹嶋文夫会長の意を受けた岩永専務との機密交渉も大詰めを迎えており、新築した応接間の最初の客は、この岩永専務となった。

合併工作の舞台となった自宅離れの応接間でくつろぐ

母屋と渡り廊下でつながれただけの応接間は、合併のような重要な密談には非常に都合がいい。あえてこの時期に増築することになった応接間が、湘南信金の誕生を決定づける場になった。合併という一世一代の大事業に打ち込んだこの時期に、人智を超えためぐり合わせのようなものが確かにあったと感じている。

年が明けると、一月七日に昭和天皇が崩御され、年号は平成に改まった。そんな朝、出勤する私の目の前を一羽の小鳥が鋭く横切った。数日後、今度は玄関前の楓の枝から飛び立つのに出くわした。

大学生の息子が楓の木に鳥の巣を発見したのは、さらにその数日後。しかも巣の中に卵を抱えているという。しばらく様子を見ていると、別の一羽が素早くエサを運んできた。出入りの植木屋や野鳥に詳しい知人に確かめてもらったところ、珍しいつがいのメジロであることがわかった。

それ以来、玄関脇の雨戸は閉めきり、玄関は出入り禁止。メジロは非常に用心深く、人の気配を察すると、高い木の梢や電線に飛び移ってしまうので、出勤前にガラス戸越しにそっとのぞくのが私と息子の日課になった。出産のために里帰りしていた長女の子どももも私たちをまね、座布団を重ねて踏み台にして、かえったばかりのヒナを眺めていた。

正式合併を間近に控えた七月の朝、巣の縁にすくすくと育った四羽のヒナ鳥がズラリと並んでいた。周囲に親鳥の姿はなく、その様子にいつもと違う何かを感じて見ていると、間もなく四羽は勢いよく飛び立っていった。メジロの巣立ち——この稀有な吉兆は、湘南信用金庫の誕生を祝福してくれたものと思えてならない。

## 信金業界の再編に先鞭

合併によって新たに誕生した湘南信金では、鎌倉信金の竹嶋会長がいったん辞任して会長になり、私が理事長に就任した。合併が孤独な作業だっただけに、私の達成感も大きかった。

一九八九（平成元）年七月十七日、合併記念セレモニーに臨んだ私は、来賓たちを前に「今日、私は生涯でいちばん感動し、感激する朝を迎えた」と素直な思いを語った。記念すべき合併の期日にこの日を選んだのは、お盆明けの翌日で、しかも大安吉日だったからだ。

はるか頭上には、湘南信用金庫の誕生を知らせる飛行船が飛んでいた。数日前に湘南の空に飛び立った四羽の若いメジロたちは、きっとどこかであの飛行船を見てくれていたのではないだろうか。

湘南信金の誕生を知らせる飛行船

しかし、湘南信用金庫の誕生は、経過における一事象であって、ゴールではない。私は湘南信金発足前、すでに一部の役員たちに向かって、近い将来における茅ケ崎信用金庫との合併を明言していた。もっとも、当面の課題は合併直後の混乱期をスムーズに乗り切ることだった。たとえば役員待遇の継続を約束したため、一時は三十人を超える役員を抱え込んでしまった。最近の市町村合併同様のお粗末さだ。

最大の問題は、鎌倉信金の有価証券の含み損だった。当時はバブルでもあり、綿密な資産査定は行わなかった。査定を強行すれば、合併そのものが破談になる恐れもあった。しかしこの不良債権が後になって大きな負担になった。

合併に伴い、看板やロゴマークも一新したが、鎌倉信金の看板が縦型だったため、すべての店舗の看板を横型に架け替えるだけで十億円が吹っ飛んだ。ほかにも伝票、封筒、用紙類の一新、電算システムの統一などで、およそ三十億円の経費がかかった。

そして湘南信金の誕生からちょうど三年後の一九九一（平成三）年七月十七日、今度は茅ケ崎信用金庫との合併が実現したが、このときもおよそ二十億円の経費が発生した。一九九四（平成六）年十一月には東京大和信用組合との異種合併、二〇〇二（平成十四）年三月には神奈川県青果信用組合から事業譲渡を受けて今日に至っている。

救済合併で抱え込んだ多額の不良債権と、数十億円にのぼる合併経費を考えると、度重なる合併の効果や意義を疑問視する人がいるかもしれない。しかし、金融制度調査会内の委員会が、今後の金融自由化に対応するため、合併等を含めた経営基盤の確立等が必要だという報告を出したのは一九八九（平成元）年五月のことだ。その時点で、湘南信金はすでに合併の最終段階にあり、一連の合併・統合の先鞭をつけたのは間違いなく湘南信金である。

ちなみに湘南信金誕生の直前、一九八九（平成元）年三月末の全国の信用金庫数は四百五十五だった。それが十年後の一九九九（平成十一）年三月末には三百九十六、二〇〇六（平成十八）年三月末現在は、二百九十二にまで減少している。

## 川崎画伯の「昇竜富士越」

合併によって湘南信用金庫が誕生したとき、私はひとつの事業を成し遂げたメモリアルとして、本社に良い絵を飾りたいと考えていた。

赤坂でも特に高級とされる料亭で仲居頭をしていた女性にその話をしたところ、「うってつけの先生がいるから一緒に行きましょう」と言い出した。彼女は私が大学生時代に家庭教師をしていた短大生で、その後、生家が傾いたため、料亭の仲居さんになっていた人だ。

わけもわからずついて行った先が、杉並区の阿佐ケ谷の住宅街にある川崎春彦先生の家だった。どうやら川崎先生は、その料亭の上客だったらしい。

川崎先生は突然の訪問者にいやな顔もせず、どんな絵がいいかと尋ねるので、見せてもらった数点の中から、富士山を背景に、竜が勢いよく天に駆け上る作品を選んだ。川崎先生は、「昇竜富士越」と題されたその絵を選んだ私のことを気に入ったようで、以来、親交が続いている。

私より四歳年長の川崎先生は、やはり日本画家だった川崎小虎氏の二男。その娘の麻児さん、兄の鈴彦氏とも日本画家として名を成しており、姉は東山魁夷夫人という芸術一家だ。

（前列左から）川崎画伯、阿住職とともに。前列右から2番目が筆者。後列は二子山一門＝圓融寺の節分で

自然のエネルギーを大胆に表現する、日本画壇の中では異彩ともいえる作風で知られ、二〇〇四（平成十六）年にはカナダの辺境サスカチワン州の湖を題材とした「朝明けの湖」で日本芸術院賞と恩賜賞を併せて受賞している。

馬術、狩猟、柔道などを実践する趣味人で、野球や相撲への造詣も深く、数年前まで画壇からはただ一人、日本相撲協会の横綱審議委員も務めていた。

そういう点でも私とはウマが会い、目黒区碑文谷の古刹、圓融寺の阿《おか》純孝住職との三人組、絵描きと僧侶と金貸しという奇妙なトリオで、たびたび銀座に出没した。

川崎先生とは相撲を見に行く機会も多く、阿佐ケ谷の自宅近くの花籠部屋、二子山部屋などの朝稽古にも連れて行ってもらった。

一九八七（昭和六十二）年、横須賀市は市制八十周年記念事業の一環として、大相撲横須賀場所の開催を企画し、横山和夫市長（当時）から、自他ともに認める相撲好きの私に協力の依頼があった。

当時、大相撲の神奈川県内における地方巡業興行権は二日しかなく、そのうちの一日を横須賀に回してもらうことが難しかった。しかし川崎先生を介して、二子山親方（第四十五代横綱・初代若乃花）など、協会幹部とじかに交渉した結果、興行権を握っていた神奈川新聞から譲り受けることができたのである。

幸い、横須賀場所は大成功で、参観に来た幼稚園児たちは、後で絵や作文をプレゼントしてくれた。「親孝行だ」といって、年老いた両親を連れてきた家族連れも、存分に楽しんで帰って行った。それを見た私は、「相撲興行は何としても続けよう」と心に誓った。

## 「相撲の信金」として親しまれる

一九〇七（明治四十）年二月十五日に市制を敷いた横須賀市は、来年（二〇〇七年）、市制施行百周年を迎える。

さまざまな記念事業が予定されているが、初めて大相撲横須賀場所を開催したのは一九八七（昭和六十二）年四月十九日で、市制八十周年を祝うものだった。あれからもう二十年が経つと思うと感慨深い。

相撲好きの私は横山和夫市長（当時）からの協力依頼を快諾したものの、最初はまったくの手探り状態。神奈川新聞社の持っていた興行権を譲ってもらった。しかし、力士、行司、呼び出しなど、関係者を含めて五百人を越える宿舎の確保、五千人以上入れる会場（横須賀市総合体育館）の準備などに奔走した。

せっかく開催するのだから、できるだけ本場所と同じようにやりたいと思い、粘土質が

初孫・雄一郎を抱く横綱千代の富士
＝1991年、横須賀場所で

混じった土を埼玉県から運んできた。俵は稲藁を細い俵状に編んで、藁の中に土を入れてビール瓶で叩き固める昔ながらの方法で作った。

吊り屋根は安全性を考えた発泡スチロール製だったが、見た目には立派なものができた。市内の企業や商店に協力してもらい、幟《のぼり》も百本用意した。苦労も多かったが、地元の人たちの喜んだ顔を見て、すべて報われた気がしたものである。経済効果は一億円とも言われた。

このとき、宮城野部屋の親方だったのが、横須賀出身の廣川泰三だ。本名は山村泰三、不入斗中学の怪童といわれた逸材で、元横綱の吉葉山の目にとまり、宮城野部屋に入門した。「突貫小僧」と異名をとる左四つの押し相撲で小結まで昇進し、引退後は押尾川、東関として後進の指導にあたり、吉葉山が亡くなった後の宮城野部屋を継承した関取である。

横須賀に限らず、神奈川県出身の力士は少ないが、現役時代を通じて後援会がなかったと聞き、横須賀場所の開催を機に、宮城野部屋横須賀後援会を設立して、今日に至っている。

横須賀場所も、途中で一、二度、中断したものの、今年（二〇〇六年）も四月九日に超満員の中で無事、開催することができた。

とはいえ実際は湘南信金自体が横須賀場所を興行しているわけではない。代表理事などの兼業禁止規定に触れるからだ。運営は大相撲横須賀場所実行委員会が行い、横須賀市や市の教育委員会が後援する形。湘南信金はチケットの取次のほか、職員を労働力として提供するのみだが、私は、こうした地域貢献は、地域金融機関である信用金庫の当然の責務だと考えている。

バブル期には企業が文化・芸術活動を支援する「メセナ」という言葉をよく耳にした。バブル崩壊でほとんどの企業が手を引いてしまったが、湘南信金のメセナは、この大相撲横須賀場所の興行からスタートし、これまで絶えることなく続いている。

メセナそのものは利益を生まないが、「相撲の信金」と親しまれたことが地域の評価に直結し、取引先が拡大したことは嬉しい副産物である。

## モンゴルから来た大器、白鵬

廣川関（宮城野親方・当時）は一九八九（平成元）年に五十二歳の若さで急逝してしまったが、その跡を継いだのが竹葉山（現熊ケ谷親方）で、いま絶好調の白鵬の育ての親だ。

白鵬は大相撲を目指して仲間七人で来日したが、当時は、身長一七五センチ、体重六十八キロ。大阪の大東市にある摂津倉庫の相撲部で相撲を習ったが、とても関取向きとは思えず、どの部屋からも声がかからなかった。

二カ月が過ぎて帰国が決まった前日、モンゴルの先輩の旭鷲山が師匠の大島親方（元大関旭国）に相談して、親しくしていた当時の宮城野親方（竹葉山）に受け入れを依頼した。小柄だが手足が大きく、父親がモンゴル相撲の大横綱だということで、ようやく入門先が決まったのだ。

白鵬の体を見た私が、「稽古はどうでもいい、とにかく食べさせろ、寝かせろ」と言った通り、宮城野親方は毎日牛乳を飲ませ、ちゃんこの汁で飯を流し込み、稽古もさせず、体作りに専念させた。

二〇〇一（平成十三）年三月場所で初土俵を踏んで以来の活躍は周知の通りだが、新弟子のころから知っている力士が出世するのは気持ちのいいものだ。これこそ相撲好きの醍醐味といっていい。

もっとも、すべてが順調だったわけではない。最初に大関獲りがかかった二〇〇五（平成十七）年三月場所では、ようやく勝ち越したにとどまった。七月場所では、中日の普天王戦で左足を痛めて休場に追い込まれた。

その後の回復が思わしくないので、スポーツ障害治療の権威で、横浜南共済病院院長（当時）で、整形外科の山田勝久顧問に見せたところ、外患というよりもストレス性が強いという診断だった。

大関白鵬へ昇進を祝し、化粧まわしの目録を贈る＝2006年4月、大相撲横須賀場所の土俵上で

十月にラスベガス公演が控えていた時期で、当初は日本でケガの治療に専念させるつもりだったが、「適応力の高い若者だが、慣れない日本の生活でストレスがたまっている。気分転換のためにもラスベガスに行かせた方がいい」というアドバイスを受けた。これが奏功したのか、帰国後の十一月場所に、小結で九勝を挙げ、三場所ぶりに関脇に復帰してからの勢いは素晴らしい。それもこれもシコやテッポウなど、基本的な稽古を熱心にこなす賜物だろう。

待望の大関伝達式には、私も堺市の西本願寺堺別院へ駆けつけた。口上で述べた「全身全霊」を漢字で色紙に書いて、その意味を必死で理解しようとしている二十一歳の姿に、さらに上を狙える器を感じた。

伝達式の後、親しい記者から「エンピツがとうとう大関になりましたね」という便りが来たが、この五年で身長は二〇センチ以上伸び、体重は倍以上になっている。十五歳で身長の伸びがとまった私にはうらやましい限りだ。

三月場所での初優勝はお預けとなったが、今回の大関昇進を祝し宮城野部屋横須賀後援会より化粧まわしの目録を贈った。デザインは川崎春彦画伯と相談してこれから決めるつもりだ。

# 継続してこそメセナ

横須賀場所開催を機に相撲とのかかわりを深めていった私は、一九九九（平成十一）年に日本相撲協会から「木戸御免」を付与された。

これは「相撲道熱心につき、木戸御免、推挙候也」という、角界のフリーパスのようなもの。この推挙を頂いたのはこれまでにわずか百三十人余りしかいない（平成に入ってからは二人だけ）と聞いて、非常にありがたく思っている。

また、私の娘には三人の男の子があるが、横須賀場所の横綱土俵入りで、三人とも抱いてもらった。いずれも一歳の誕生日を迎える前で、大泣きする孫、眠っている孫、いろいろだったが、千代の富士、貴乃花、若乃花の三人だから豪華なものだ。まあ、これは勧進元の特権として、大目に見てもらいたい。孫たちは覚えていないだろうが、いい記念になるはずだ。

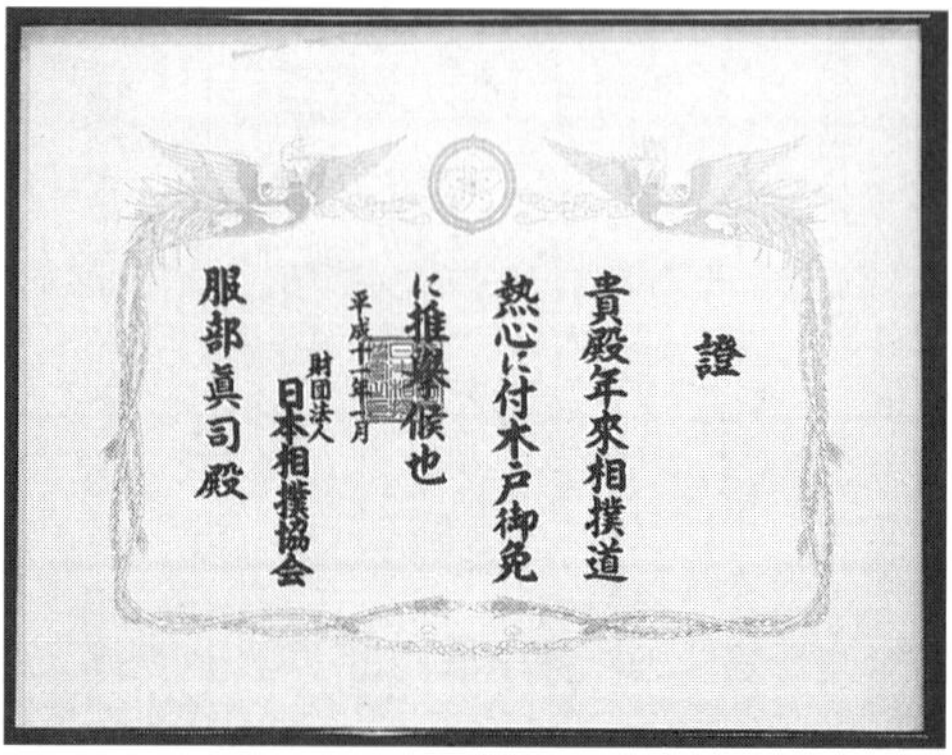


平成に入って２人しか受けていないという「木戸御免」の證（しょう）

横須賀場所の開催に合わせて、横須賀在住のアメリカ軍幹部と、話題の力士たちとの交流の場も積極的に設けている。今年（二〇〇六年）は横須賀場所の前日、四月八日を前夜祭と称して、白鵬、琴欧州、旭鷲山、若の里、春日王、安馬らを私の家に招いて会食した。最近はアメリカ出身の力士はいないが、基地関係者も楽しみにしてくれている恒例行事となっている。もっとも日本人力士が若の里一人というのは残念だが、そういう時代になったということだろう。

ここ二十年あまり、宮城野部屋や同門の春日山部屋の力士たちは、七月の名古屋場所が終わった後、横須賀サマーキャンプに参加するのが恒例になっている。宿舎は公郷町の曹源寺、金谷の大明寺（一年交替）。京急の新大津駅近くの大津運動公園相撲場で、連日、朝稽古に励むが、このキャンプ中、力士たちには、養護施設や高齢者ホームへの訪問、子供相撲の指導などのボランティア活動に参加してもらっている。この間の朝稽古は公開で、誰でも自由に見学できるが、こうしたことも、毎年の横須賀場所が満員御礼となる人気を支えているのだと思う。

横須賀場所が初めて開催されたのは、横須賀信金時代のことだが、湘南信金になっても、私のメセナ観は一貫している。当時とは経済環境が変わり、不良債権処理と並行してメセナを継続することに遠慮しなければという思いはあるが、監査法人も、信金の「地域貢献活動は妥当」だと評価してくれている。

直接的な利益を生むものではないメセナを、これまで続けてこられたのは、もともとが私の道楽から始まったことだからだろう。

大相撲横須賀場所のほかにも、宝塚公演、映画の上演、ニューイヤーコンサート、湘南長唄三味線東音《とうおん》味見《あじみ》亨《とおる》の会、湘南DANコンサート、湘南信金が所有するギャラリーを活用した展覧会、ゲートボール、ゴルフ、マラソン大会など、思いつくことは何でもやってきた。しかしもっと大切なのは、それを継続することであり、地域と住民の幸せに貢献することだ。

良いと思ったことを単なる思いつきで終わらせず、永年、続けることこそ、真の地域貢献になると信じている。

## 信金野球部の国体優勝

先日の白鵬の大関伝達式のとき、ある人物を探したが、会えなかった。高知県土佐清水市の土佐清水病院の丹羽耕三院長で、宮城野部屋の有力な後援者の一人である。

京都大学出身の医学博士で、癌、アトピー、膠原病などの治療で知られた人だが、この丹羽先生が相撲以上に野球好きで、自分のチームまで持っている。私よりも一歳年長なのだが、年に一度、チームを引き連れてわざわざ横須賀まで遠征して来る。しかもいざ試合となると、ユニフォームを着て、大声の土佐弁で檄を飛ばすのだ。

とはいえ、わが湘南信金の軟式野球部は、一九九八（平成十）年の「かながわ・ゆめ国体」で全国優勝した実力がある。

軟式野球部は、横須賀信金（当時）に入庫した私が創設したもので、当時は人も数も多かった金融機関の大会などが開かれていた。近年は川崎市水道部、厚木市役所など、官公庁関係が強く、目立った成績を残せていないが、野球のできる新入社員を毎年採用し、チーム力の維持を図っている。丹羽先生のチームに簡単に負けるわけにはいかない。

実際、これまでは連戦連勝だったのだが、資金力のある丹羽先生は思い切った補強に踏み切った。ノンプロから獲得してきたピッチャーをまったく打てずに、七回目の対戦にして、二対〇で初黒星を喫してしまったのだ。これに気を良くした丹羽先生は、今度はわれわれに高知へ遠征に来いと言い出した。負けた以上は、それも仕方がないかもしれない。

国体で優勝し胴上げで宙を舞う。いただいた賞状（左）

丹羽先生は、大関伝達式の日は患者の都合で来られなかったとのことだが、相撲もまた、いろいろな人脈を作ってくれていると思う。

国体に優勝したときのチームは粒ぞろいだったが、中でも四番の菅のバッティングが秀でていた。百キロ近い巨漢で、パワーがあった。福岡県の八女市役所との決勝戦は、菅のホームランの一点が決勝点となったものだ。

先のワールド・ベースボール・クラシック（WBC）でもイチローが、「同じチームに三回負けるわけにはいかない」と闘争心をあらわにしてチームメートを引っ張ったが、野球はチームプレイでありながら、一人の力がモノをいうことも少なくない。そこが野球の魅力でもある。

横須賀高校時代、どうしても勝てなかった湘南高校に佐々木信也がいた。慶応大学ではセカンドとして活躍し、高橋ユニオンズに入団（後に大映ユニオンズ・大毎オリオンズ）したが、わずか四年で解説者に転向した。当時は彼の存在が大きかったと思う。

国体の一回戦から勝ち進むに連れ、職員が一丸となって応援し、職員意識の高揚にもつながった。決勝戦はウイークデーだったが、もちろん私も応援に駆けつけ、試合に勝った後は胴上げも経験した。そのとき、「落とせ！」という声を聞いたような気もするのだが…無事だった。

二〇〇三（平成十五）年の天皇杯（徳島県で開催）にも神奈川県を代表して出場した。私の高校時代、甲子園は夢に終わったが、若い人の元気なチームが存在し、活躍しているのを見るのは楽しいものである。

## 良き先輩、團伊玖磨氏

一九八七（昭和六十二）年に大相撲横須賀場所を手がけて以来、信金は「地域金融機関」であるという自覚のもとに、私なりのメセナを続けてきた。それらをこれまで続けられたのは、多くが私の「道楽」や「趣味」に端を発したものだからだ。

そしてそこには多くの人との出会いや、支援、サポート、助言があった。中でも團伊玖磨氏の存在は大きい。私の青年時代の師が野田武夫元衆議院議員だとしたら、私より九歳年長の團先生は、後半生の良き先輩だった。

團先生は東京生まれの東京育ちだが、一九七三（昭和四十八）年に横須賀市秋谷に移り住んでいる。横須賀市歌や、私の出身校である県立横須賀高校など、横須賀市内の十一校の校歌を作曲した。また、一九八二（昭和五十七）年には、横須賀市制七十五周年の記念事業の一環として、合唱と管弦楽の組曲「横須賀」を発表するなど、横須賀とは縁の深い人だった。

最初に團先生を紹介してくれたのは、かまくら春秋社の伊藤玄二郎社長だ。『アサヒグラフ』連載の「パイプのけむり」を愛読していた私は、團先生に横須賀信金（当時）の親睦組織である「親和会」の講師を依頼したかったのである。どういうわけか初対面から波長が合い、團先生は講師を快く引き受けてくれたことはもちろん、思いがけなく深い付き合いとなった。

最初の講演は久里浜支店のホールで、百八十人以上が集まる盛況だった。この信金のイベントは定期的に開かれているもので、團先生にはその後も何度かお願いし、そのたびに面白い話をして頂いた。

團先生の祖父は、戦前の三井財閥の総帥として知られる團琢磨氏で、生家の神尾家も養子先の團家も福岡藩士だった。渡米して鉱山学を学び、三井三池炭鉱の経営に成功して、大正～昭和初期には経済・財界の先導役として活躍した。金融恐慌で財閥非難の矢面に立

第1回「團伊玖磨トーク・アンド・ミュージック」初日の楽屋で＝1994年6月23日

たされた琢磨氏が、一九三二（昭和七）年の血盟団事件で不幸な最期を遂げたとき、團先生はまだ七歳だったという。

一九二八（昭和三）年に男爵位を授与された家柄で、父の伊能氏は元参議院議員。六歳からピアノを習い始め、東京音楽学校（現東京芸大）を卒業したクラシック作曲家という経歴は、私にすれば雲上人である。住居表示は横須賀市でも、秋谷の高台は湘南海岸を一望する景勝地で、葉山の御用邸も近い特別な場所だ。横須賀とはまったく異なる文化圏といっていい。

私には手の届かない世界だが、團先生にすれば、それでかえって付き合いやすかったのかも知れない。

團先生はその風貌通り、上品で厳格な人だが、家柄にふさわしく慇懃無礼なところもあった。気に入らないことがあると口には出さず、指揮する時の癖なのか、手の一振りで表現する。それで気を悪くする人も少なからずいたものだ。

私としても、一所懸命付き合わないと付き合いきれない面があったが、その分、得たものも多い。私の人生後半の大恩人である。

## 團氏のダンディズム

團伊玖磨先生とは「三浦半島を文化的な街にしよう」ということでも意気投合し、團先生が副理事長、私が理事として開設準備を進めていたよこすか芸術劇場（理事長は横須賀市長）ができたら、毎年コンサートを開こうと約束していた。

そして一九九四（平成六）年、新装なった芸術劇場で二日間、「團伊玖磨トーク・アンド・ミュージック」を開催した。「湘南信用金庫誕生五周年記念イベント」と銘打ったもので、企業メセナの走りでもある。

團先生のトークを柱に、東京シティー・フィルハーモニック管弦楽団、読売交響楽団、神奈川フィルハーモニー管弦楽団などの演奏を組み合わせたもので、第四回は、團先生作曲の組曲「横須賀」を演奏するなど、毎回趣向を凝らしている。

第五回の一九九九（平成十一）年公演は「湘南信用金庫誕生十周年記念」としてジャパ

ンスーパーバンドを招聘したほか、花柳千代舞踊団の日本舞踊や、中国人ソプラノ歌手の崔岩光さんの鳥の囀りのような声が聴衆の耳目を驚かせた。

このコンサートは当初から無料で、例年、一万人を超える応募者から、新聞記者立会いのもと、抽選で招待者を決めている。会場の受付、案内も湘南信金の職員が担当し、信金にとっても職員にとっても、最大規模のメセナに育った。また職員の教育にもなった。

團先生（右）の文化功労賞受賞祝賀パーティーで。中央が和子夫人

二〇〇一（平成十三）年に團先生が亡くなった後も「湘南DANコンサート」として続けているが、そこにはできるだけ多くの人に團先生のことを覚えていてもらいたいという私の気持ちが込められている。

團先生とは家族ぐるみの付き合いだったが、團先生と和子夫人は、東京音楽学校（現東京芸大）の同級生同士。学生時代の成績はピアニストの夫人の方が上だったらしいが、結婚後は専業主婦として、多忙な家庭をよく守っていた。特に中華料理の腕前は秀逸で、一九九七（平成九）年に「湘南しんきんクッキングスタジオ」を開設した際は、「團和子クッキング教室」を開いて好評を博したものである。

マスコミへの露出も多く顔の広い團先生は、どんな場所でも自身のダンディズムを崩さなかった。温泉旅館でのんびり温泉につかった後も、食事のときは背広にネクタイを締めて席に着く。われわれのように浴衣でくつろぐ習慣がないらしい。自分たちだけ浴衣では居心地が悪いので、「先生も浴衣を」と言うのだが、頑として聞き入れない。

しかし私と二人だけのときはリラックスしていたようだ。ダンディーな四つボタンスーツで待ち合わせて行く先は、大好物の焼き鳥屋さんやうなぎ屋さん。中でも客が来てからうなぎを割くため、時間がかかることで有名だった横須賀の「うな八」の、二階座敷がお気に入りだった。うなぎが焼けるのを待っている間、誰に遠慮することなく、大の字でひっくり返っていられるからだ。

気取っているとくたびれるのだろうが、いつもの團先生を知っている人が見たら、驚いて腰を抜かしたかもしれない。

# 阿吽《あうん》の呼吸で京都通い

團伊玖磨氏は私の憧れの人でもあった。人と違うことをしたいという志向が強い私は、團先生のオリジナルの四つボタンのスーツにも憧れて、團先生とおそろいで作り始めた。それが今では私のトレードマークのようになっている。

その格好で連れ立って出かけると、「兄弟」といわれたことが何度もあるから、若干似ていたかもしれない。ただ幸いなことに女性の好みだけは全く違っていて、これも長く付き合えた秘訣のひとつかもしれない。

いつだったか、團先生から突然電話がかかってきたことがある。

「理事長、京都へ桜を見に行くから付き合ってくれないか」というのだ。なるほど、音楽家というものは、そうした風流を創作の糧にするものなのかと感心し、朝一番の新幹線に乗る約束をする。

團先生の横須賀市秋谷の自宅で

京都駅に着いたのは朝の九時半ごろだったが、團先生は、「じゃあ、夕方、七時にここで」と言い置いて、さっさとどこかへ行ってしまった。
仕方がないので、神社、仏閣を巡り、顔見知りの祇園の「橙」で昼食を取った。もう半日は錦市場やマーケットを歩き、挙げ句の果てはパチンコで時間を潰し、ようやく約束の午後七時、京都駅の八条口で待っていると、何くわぬ顔をして團先生が戻ってきた。
後でわかったことだが、このころの團先生は先斗町の舞妓さんに惚れ込んで、せっせと通っていたのである。知ったひとの話によると、新珠三千代さんに似た美しい妓だったようだ。いくらその妓に会いたくても、用事もないのに京都へばかり出かけていては、夫人が不審に思い出すかもしれない。そこであれこれ考えた末に、私をダシに使ったのである。

團先生のように全国区の知名度があると、どこへ出かけてもうかつなことはできないが、家から遠く、口の堅い京都には安心感があったのかもしれない。それに團先生の事情さえわかれば、私にも付き合いようがある。それからというもの、たとえば初夏は鮎、夏は鱧、残暑は川床、秋は紅葉、そして冬は雪見と続くので、本来なら私も相当な京都通になっているはずなのだ。

團先生が先斗町に行くので、私はもっぱら祇園に足を伸ばした。狭い京都で、先斗町と祇園は目と鼻の先だが、鴨川をはさんで東西に河岸を変えるのが礼儀というものだろう。帰りの新幹線の中ではろくに話もしない。二人とも別な方を向いて、なんとなくニヤついて含み笑いをしている。この京都通いはすべて日帰りで、私は必ず先生を秋谷の自宅まで送り、夫人に「いつも團先生を借り出して申し訳ない」という挨拶をしてから帰宅したが、あれを「阿吽」の呼吸というのだろう。

そんなことが何年続いただろう。だんだん間遠になり、今では懐かしい思い出になってしまった。ダンディーな常識人というイメージの團先生だが、晩年の『素戔嗚《スサノオ》』や『建《タケル》・TAKERU』を聴くと、存外に異端な部分も持ち合わせていたような気がする。

## ケーブルTV開局へ

今になって思うことだが、團伊玖磨氏との出会いは、私のメセナ活動に、幅や奥行きを与えてくれた。

信金の本来業務からはずれた活動の中で、どれがメセナでどれがメセナでないか、その判断は第三者に任せるつもりだが、一九九二（平成四）年のケーブルテレビ開局（CATV横須賀・現ジェイコム湘南）、一九九四（平成六）年のFM放送の開局（FMブルー湘南）は、文化的な貢献に含めていいと思う。

結果的に開局の順序は逆になってしまったが、私が最初に考えていたのは、FM放送だった。それはFM放送こそ、災害発生時の情報提供に最適なメディアだと考えていたからである。

そこで地元企業から出資を募る一方、エフエム東京やNHKなどから講師を招いて、勉強会を重ねた。ところがようやく開局の申請にこぎつけたものの、郵政省（当時）から割り当てられた周波数と出力では、丘陵部やトンネル内、相模湾岸沿いの地域ではほとんど聴こえないことがわかったのである。再交渉で出力を五ワットに上げてもらっても、いまだに問題は解決していない。何しろ、自らの判断でアンテナの方向を変えることさえ許されない。そんな制度がいまだに存在しているのだ。

効果的な次の手を見いだせなかったこの時期に、まったく面識がなかった住友商事の横浜支店長が面会を求めてきた。

当時、住友商事はケーブルテレビの開局を企画していたものの、横須賀市や商工会議所が難色を示したため、私の考えを探りに来たものらしい。力を注いでいたFM放送開局が行き詰まっていたこともあり、私はあらためてケーブルテレビについて勉強しなければならなくなった。

CATY開局のテープカット。右から３番目が筆者。左から２番目は横山市長（当時）

ケーブルテレビはもともと山間部など、テレビ放送の難視聴解消のために設置された共同受信施設から、テレビ放送を分配するために設けられたものだ。横須賀、逗子、葉山、三浦地域は高い山こそないものの、実質的には難視聴地域で、ケーブルテレビの需要は十分考えられる。しかし、開局の損益分岐点となる三万五千世帯の加入のメドが立たないというのが、市や商工会議所の言い分だった。実際、その当時、ケーブルテレビで成功したところは、日本国内では五社程度しかなかったのである。

私は大の飛行機嫌いなのだが、ケーブルテレビの可能性を探るため、意を決してアメリカへ飛んだ。そこで見たのは、国土が広く、難視聴地域が多いアメリカでは、ケーブルテレビの普及率は七割に近いという事実だ。しかもチャンネル数がケタ違いに多く、野球や格闘技が好きな私は大いに楽しめた。視聴者の選択肢が豊富にあることは素晴らしい。

都会で見られる放送のほんの一部しか届かないような状況は、やがて文化的な格差を招く。三浦半島が「文化果つる街」になることは何としても避けなければならない。私はケーブルテレビの開局を積極的に推進することを決意した。

## ジェイコム湘南誕生

ケーブルテレビ開局への準備は、まず大蔵省（当時）に兼業兼職を申請して、私自身が代表役員に就任する許可を得ることからスタートした。

金融機関トップの兼業兼職は極めて異例で、許可は下りたものの、許された期間はわずか二年。勉強会に若手を起用する一方、私は資金集めに奔走した。

当時のケーブルテレビ事業は、地域密着型の独占的事業という考えから、地域ごとに免許が付与され、地元資本の参加を事業者要件とするなど、地域性を重視した構造規制が行われてきた。ところが九〇年代に入ると規制緩和が進み、大手資本の参入が可能になった。住友商事はケーブルテレビの勃興期からＣＡＴＶ事業に力を注いできた企業の一つで、横須賀に着目したのも、それなりの目算があってのことだったと思う。

当時、スポンサー企業の株主割合は四割以内に規制されていた。残りは地元から出資しなければならなかったが、住友商事、京浜急行、住友セメント、住友重機などの大手企業をはじめ、市内の主だった人たちが、私の未来を語る熱意に速やかに同意してくれた。延べ八十一株主から出資を得て、一九九二（平成四）年五月、「ＣＡＴＶ横須賀（ＣＡＴＹ）」を開局することができたのである。

米国でシェアNo.1のケーブルテレビ局、COMCASTの現地視察。筆者（右から2人目）の左隣は入江徳次ジェイコム湘南社長＝カリフォルニア・シリコンバレー

次は加入者の獲得だ。ケーブルテレビはどうしてもインフラ先行型の事業になるため、開業から一定水準の加入者を獲得するまで、事業者の負担が重くなることは避けられない。当初、ケーブルの引き込み工事費は七万円前後を見込んでいたが、アメリカ視察で考えを変え、一万五千円程度に下げた。とにかく加入者を増やすことが先決だと考えたからだ。

一方、ケーブルテレビ業界では、九〇年代後半に県外資本の参入が認められたのを機に、住友商事などが出資して、「ジュピターテレコム」が設立された。同社は日本最大のケーブルテレビ局統括運営会社となり、二〇〇五（平成十七）年三月にジャスダックに上場している。

神奈川県内では、一九九〇（平成二）年開局の「寒川ケーブルテレビ」と、一九九六（平成八）年開局の「テレビちがさき」が一九九九（平成十一）年に合併し、ジュピターテレコム傘下の「ジェイコム湘南」となった。

そして二〇〇一（平成十三）年四月一日、「CATY」と、一九九二（平成四）年十月開局の「藤沢ケーブルテレビ」、「ジェイコム湘南」が合併し、現在の「ジェイコム湘南」が誕生したのである。この合併も信金の合併と同じように大変難しいものだった。

それでもジェイコム湘南の加入者数は二〇〇五（平成十七）年末に十七万人を超え、対象地域の38％に達して決算も黒字に転じた。地域によっては、全世帯の51％を超えたところもある。累積赤字は残っているが、損益分岐点と見ていた十五万世帯を超えた以上、解消は時間の問題だ。

湘南国際村は最初からケーブルを地中化して頂いたし、最近の新築物件は当初からケーブルを配管するようになっている。五年後のアナログ放送終了も、ケーブル加入者数の増加には追い風になるだろう。

## FM放送で災害対策

横須賀にケーブルテレビが開局して、今年（二〇〇六年）で十四年目になる。難視聴地域対策としてスタートしたケーブルテレビだが、現在は多チャンネル放送、高速インターネット、電話などを包括的に扱えるようになり、存在意義そのものが変化し、拡大してきている。

「ジェイコム湘南」のサービス地域は、横須賀市、藤沢市、茅ケ崎市、逗子市、三浦市、三浦郡葉山町、高座郡寒川町に及び、この地域に質の高い娯楽を提供できるようになったことは、私自身の喜びでもある。

「ＣＡＴＹ（シーエーティーヴィ横須賀）」が合併して「ジェイコム湘南」になるとき、親会社となる「ジュピターテレコム」は、既存株主から株式を引き取る条件として、額面五百円の株券について千百円を提示してきた。多くの株主が「さすがは服部」だと納得してくれた。それまでの期間、まったくの無配だったことを思えば無邪気に喜ぶことでもないが、私としても出資を募った責任を果たせたことで肩の荷が下りた思いだ。

となれば、次はFM放送だ。ケーブルテレビの開局の約二年半後、一九九四（平成六）年十二月三日に「FMブルー湘南（横須賀エフエム）」を開局することができた。

いわゆる「コミュニティーFM」で、視聴エリアが極めて限定的な分、災害発生時や緊急時には、リアルタイムで停電・断水状況、救援活動、道路交通情報などを、きめ細かく提供することができる。市販ラジオと電池さえあれば気軽に聴けるので、住民にとっても重要な情報源であり、地域のインフラとして不可欠なものになるはずだ。

情報発信の心臓部は大滝町のサテライトスタジオだが、横須賀市の協力を得て、市役所内に分室を設置した。災害発生時、正確な情報をできるだ

横須賀エフエムの創立総会で挨拶をする

け早く提供するためには、行政機関との綿密な連絡と意思の疎通がモノを言う。

こちらは開局十周年を迎えたところで、期間的には黒字になったものの、累積赤字は悩みの種だ。加入契約さえ取れれば継続的に視聴料が得られるケーブルテレビと違い、FM放送の運営はスポンサーだけが頼り。つまり、電波状態や聴取率が悪ければ、スポンサーが集まりにくい。

そういう悪循環をなくすためにも、道路交通情報、天気予報、よこすか芸術劇場のニュース、地域の歴史や文化、音楽など、地域住民の生活に密着した情報の質を上げて、地元のスポンサーの協力を得ていきたいと思っている。

ケーブルテレビで多彩な娯楽を提供し、FM放送を地域の防災インフラに育てる。そして現在、湘南信金で定期的に刊行している社内報をコミュニティー紙に脱皮させて、地域のメディアを一手に握ることは私の長年の夢でもある。

しかしこうして神奈川新聞紙面に登場した以上、その夢はしばらく封印しなければならないだろう。

## 合併成功のカギは「対等」

今も日本の社会に爪跡を残す「バブル」は、指標の取り方にもよるが、一九八六（昭和六十一）年十二月から一九九一（平成三）年二月までの四年三カ月をいうようだ。

一九八九（平成元）年七月、横須賀信金と鎌倉信金との合併で誕生した湘南信用金庫は、翌年には関東の七十六の信用金庫の中で、年間の預金の伸びは当然のことながら一位となった。一九九一年七月には茅ケ崎信用金庫と合併し、県内最多の六十三店舗を擁する金融機関となった。その意味では、バブルと時期を同じくして、地域金融機関としての地盤を固めることができたといえよう。「湘南」というブランドイメージに合わせて一新したキャッシュカードのデザインなどが受け入れられ、若い世代の顧客が増えたのも、これが契機となっている。

横須賀、鎌倉、茅ケ崎の三つの信金を合併時の預金残高で比較すると、七対二対一ぐら

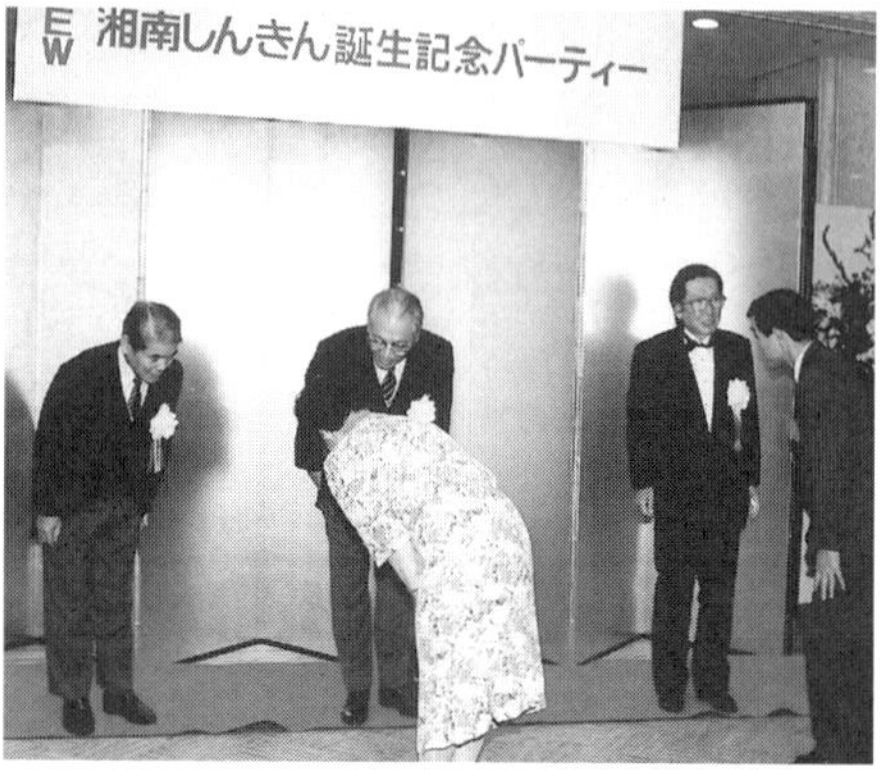


茅ケ崎信金との合併後に開催した誕生記念パーティーで、出迎えをする筆者(右から2人目)と湯本徳一元副理事長(左)、中村喜彦元副理事長(中央)＝1991年9月11日、ホテルパシフィックス東京

いだが、どちらもあえて対等合併とした。鎌倉信金では有価証券の含み損が深刻な問題になりつつあったし、茅ケ崎信用金庫も赤字を計上していて、結果的に「負」の遺産を背負い込んだ。しかし当時は厳密な資産査定よりも、スピーディーな合併成立が重要だと考えていた。

しかも合併後をスムーズに運ぶためには、経営陣の面子を守り、顧客や従業員の不安を取り除く『対等』の二文字が必要だった。

ただし、どちらの信金と合併するときも、顧客への説明に時間を割いた。服部はどんな人間で、どんな信金経営をするつもりなのか、知ってもらうことが大切だと思ったからである。昼食会というスタイルで説明会を重ね、その場の受け答えでわかったことは、鎌倉信金も茅ケ崎信金も、信金の理事長の顔が見えるような経営は、一切してこなかったということだ。

そしてほとんどの顧客が合併による「差別」を懸念していて、質問もそこに集中した。無審査に近い融資が日常的に行われていたことは合併後にわかったことで、当時は知る由もなかったが、「貸す側、借りる側がよく話し合い、条件が一致したら融資する。それは『差別』ではなく、地域金融機関として当然の姿勢だ」という「融資審査」の説明を飽きるほど繰り返した。

店舗配置にしても、都銀や他の金融機関がない空白地域に置くのが定石という考えで出店されていた。私のやり方とはまったく違うものだった。私は「競争のないところに進歩はない」という信念で、あえて有力都銀の店舗の隣に並べて出店する。

茅ケ崎信金は日銀との直接取引がなかったが、赤字の風評で取り付け騒ぎが起こるのを懸念した日銀は、「合併で誕生する新しい湘南信金では国庫金を取り扱えるようになります」という異例のポスターを掲示することを承知してくれた。ＮＨＫでも茅ケ崎信金との合併ドキュメント番組を放映してくれた（一九九一（平成三）年七月二十日、ＮＨＫ経済マガジン「金融自由化、信用金庫の挑戦」）。

こうしたパブリックな情報提供が、合併に伴う地域の不安を取り除くことに一役買ってくれたことに大いに感謝している。

## バブル脱却への試行錯誤

日経平均株価がピークに達したのが一九八九（平成元）年の大納会（十二月二十九日）。バブルを支えた地価も一九九一（平成三）年ごろから下落に転じ、バブルは崩壊した。その余波は湘南信金にも当然襲いかかってきたが、不良資産のほとんどは、度重なる合併の「代償」だった。合併で背負い込んだ不良債権や不良有価証券、さらに合併経費を合わせた、湘南信金にとっての「負の遺産」は、およそ三百億円に達していたのである。

しかし、合併で職員の士気も上がり、バブルならではの高揚感もあった。一九九四（平成六）年十一月には、破綻寸前の東京大和信用組合との合併を敢行した。私自身、バブルの遺産の深刻さに気づいてはいたものの、一所懸命やればなんとかなるという甘い考えに支配されていた。

白状すれば、その時は東京に店が欲しかった。自力で支店を出すのは難しいため、神奈川に近い場所に、二、三店舗持っているという条件に合ったというだけで、不良債権には目をつぶった救済合併、おまけに監督庁が都道府県知事である信組との異種合併を敢行したのだから、まさにバブル的な発想だった。

2003年1月の第14回友の会旅行宴会での鏡開きの風景＝福島県・母畑温泉

そして「バブルの後始末」という意識で動きだしたのは、一九九五（平成七）年後半ぐらいからだろう。借金のカタに人質に取られたような縁で働き始めた信金とはいえ、本丸の主になった以上は守り抜かねばならない。

まず、手をつけたのが店舗削減だ。利用頻度の低い支店は閉め、競争力の高い支店、互角に戦える支店に力を入れるようにした。その結果、一九九五年七月に六十九あった支店は漸減し、現在は五十七店舗となっている。

この間、一九九九（平成十一）年には信金として初めて郵便局とのＡＴＭとの相互利用をスタートさせた。きっかけは青森に転勤する顧客が、転勤後も湘南信金の口座を使い続けたいと言ったことだ。郵便局なら全国どこでも引き出しが可能だし、ほぼ同時期からATMは三百六十五日フル稼働とした。その後はコンビニなどを活用した店舗外ATMが増え、支店数が減ることで、顧客の利便性が損なわれることはないと思っている。

顧客の喜ぶことは何か、そう考えて始めたことはほかにもある。最たるものは「年金友の会」のバスツアーだ。定期的に現金が振り込まれ、ほぼ25%が口座に残る年金振り込みは、実はどんな金融機関にとっても魅力的な顧客である。

旅行は年一回、支店単位で実施する。参加者は多い年には六千人を超すこともあり、一回の団体が四百人という場合もあった。それだけに支店の総力を挙げた一大イベントとなる。伊豆の河津桜、鬼怒川温泉など、行き先選びにも苦労するが、それを楽しみにしている顧客がいるから、担当者も頑張り甲斐があるというものだ。すでに年金をもらっている人のほか、振り込み指定の予約で金利を優遇する商品などを導入し、年金振り込み利用者は六万人を超えた。おかげで年金旅行の規模は全国最大といわれている。

「顧客の喜ぶこと」を考え、実践する。これが「集まる預金」を可能にしている原動力だ。

## 学校偏差値は二の次

金融機関の合併現場でトラブルの火種になりやすいのが、企業風土の相違とか、人事制度とか、とにかく「人」の問題である。

合併時は給与面も業務面も、横須賀信金流に統一することで合理化を図った。合併に反対し、合併後にトラブルを起こしかねない人物は合併前に辞めてもらったが、「湘南の旗の下で頑張ろう」というスローガンになびかなかったのはほんの数人にすぎない。

ただし、管理職クラスでは、「私と一緒に仕事ができるか」「私の指示命令が聞けるか」と言って、直接、決断を迫った例もある。これは、鎌倉、茅ケ崎の両信金、東京大和信組と、その異種合併の実績を買われて二〇〇二（平成十四）年に業務譲渡を受けた神奈川青果信用組合の場合も同様だ。

今年（二〇〇六年）は最初の合併から数えて十七年目となる。どこの出身だと色分けし

平成９年度の得意先係成績優秀者を表彰する

たつもりはないが、結果として横須賀信金入庫者が重要なポストを占めているのが現実だ。

バブル崩壊後に人の採用を抑えた時期はあるが、定期採用を中止したことはないので、職員の年齢構成に大きな問題はない。ただ、間もなく団塊の世代が定年を迎えるため、昨年から再雇用制度による実質的な定年延長（六十五歳まで）を実施している。だいたい八割ぐらいが継続雇用を望んでいるようだ。

新卒採用は昨年が三十一名で、今年は六十名。来春は七十名を予定しているが、応募者は千人を超えた。出身地別ではやはり三浦半島が多いものの、東京、神奈川西部なども増えている。これは湘南信金が、学生たちにも認知されてきたということだと思う。

採用に際し、学生を出身大学の偏差値でランク付けすることはない。出身高校はそれなりに優秀だが、「希望通りの大学に進めなかった」という学生の中に案外、優秀な人材がいるというのが私の経験則だ。

ファイナンシャルプランナーなどの資格取得者も増えているが、面接では一様にリクルート・ファッション。まだ学生なのだから、個性がにじみ出た格好でもいいと思うのだが、最近は「人と同じ」ということが大切らしい。

新卒の採用数が増えたのは景気の好転もあるが、バブルの清算の目途が立ったということでもある。おそらくいちばん辛かったのは四、五年前だが、不良債権の処理もほぼスケジュール通りに進んでいる。昨年の株高で一時期の思惑よりも高値で売れたものもある。周囲の誰もが売れといった時期に売らなかった私には、運の強さがあるのだと思う。

そこでこの時期を逃さず、支店長の在職期間（二年前後）を変更することにした。

金融機関の支店長職は顧客との癒着や馴れ合いを防ぐため、通常は一、二年で交代するのが常道だ。それを最低三年、主力店では五年とするのである。お客様と良好な関係は、人的つながりで構築されていくものだ。支店のトップが頻繁に代わるようでは、地域金融機関の本来の務めは果たせない。これは銀行とは違う長所をより強くする「攻め」の一手だ。

## ボランティア活動で人材育成

地域金融機関の基幹人材である支店長を、どのように育てたらいいのか。私は理事長に就任して以来、そのことを考えていた。そこで思いついたのがボランティア活動である。

きっかけは一九九一（平成三）年十二月、当時の南田浦代理店（現南田浦支店）が、社会福祉法人・横須賀基督教社会館の敷地内に移転したことに遡る。この基督教社会館の阿部志郎館長は、神奈川県立保健福祉大学の初代学長で、日本の社会保障、社会福祉のオピニオン・リーダーとして世界でも幅広く活躍されている。

阿部館長は青山学院大学の学長を務めた牧師さんの息子で、一橋大学生時代に志願して入隊。復学後、進路に悩んでいた時期に米山財団の創始者である米山吾郎氏が、実業で得た所得を投じて人材育成の基礎となる小学校を創り、その校長として人生を全うする姿に感銘を受けて、福祉の道に進まれた人だ。ハンセン病療養所の看護師で、ナイチンゲール

「のこのこ」のオープンでおもちゃをプレゼントする筆者（左）と阿部館長。上の写真は第１回信用金庫社会貢献賞特別賞のブロンズ像と盾

賞を受けた井深八重さんにも大きな影響を受けたと話されていた。

社会福祉を学ぶために渡米し、シアトルで世話になったトムソン牧師の勧めで、横須賀を拠点として活動するようになったという。横須賀信金時代からの古い出資者で、一時は筆頭の出資者でもあった。私とは旧知の間柄となる大先輩である。

そこで、田浦の基督教社会館を建て直す際、同じ敷地内に社会館が湘南信金からの融資で、三階建ての建物を造った。湘南信金はその、一、二階を南田浦支店として借り、三階には阿部館長の発案で、「おもちゃ図書館『のこのこ』」を開館したのである。

これは玩具メーカー「トイザらス」のボラ

ンティア活動にヒントを得たもので、日本おもちゃ図書館財団の協力で、三百種類を超えるおもちゃを備えている。

一九九二（平成四）年四月、私はこの社会館へ職員を出向させ、図書館に遊びに来る子どもたちや、社会館が紹介する高齢者の世話をさせる「ボランティア出向制度」を創設したのである。現在は支店長候補者を一年間派遣しているが、言い換えれば、この基督教社会館へボランティアに出されれば、必ず支店長になれるということだ。

結論から言うと、子どもや高齢者の相手をすることで、人との接し方が変わる。知的発達の遅れた子や寝たきりのお年よりの世話をすることで、弱い立場の人の気持ちが理解できるようになり、人間の器が一回り大きくなる。これは支店長として大事なことだ。

このボランティア制度の様子はＮＨＫがドキュメンタリー番組として取り上げたほか、一九九五（平成七）年には神奈川県福祉大会で知事表彰を受け、一九九八（平成十）年には第一回信用金庫社会貢献賞（全国信用金庫協会）の特別賞を受賞するなど、予想以上に大きな反響があった。

カリキュラム化された教育制度よりも、生身の人間との心の交流が、人間を育てるということを、私自身も学ばせてもらった。

## 地域貢献ボランティアは信金の役目

湘南信金のボランティア出向制度には、田浦基督教社会館のほかに、もうひとつ派遣先がある。三浦半島から東京湾に大きく突き出した観音崎にある「観音崎自然博物館」だ。もともとは一九五三（昭和二十八）年に、観音崎観光が博物館と水産研究所を開設した場所で、世界で初めて真鯛の養殖に成功したことでも知られている。現在は建物、土地とも神奈川県の所有で、社団法人が運営しているが、不入斗中学校の校長を務めた鈴木文吾先生が理事長となった際、支援を依頼された。それで経理のできる職員を湘南信金から出向させると同時に、寄付を募って累積赤字を解消した。

出向の主目的は経理よりも、遠足などで訪れる子どもたちの案内で、時には長靴を履いて海に入る。人との接し方を学ぶだけでなく、豊かな三浦半島の自然に関する知識も得られる質のいいボランティア制度だ。

2004年のクリスマス会で料理を振る舞う（右）。左から阿部志郎館長、佐藤千郎牧師、堀口すみれ子さん

施設も古いし、運営資金も潤沢ではない博物館だけに、自然観察会の日程は模造紙に手書きで写真を貼ったもの。時には三浦半島の産直野菜の販売などもやっているが、こうした手作り感が来る人を癒やすのだと思う。近未来的な建物や、最新のＩＴを駆使した展示ばかりが人をひきつけるわけではない。

日本初の洋式灯台がある観音崎は、照葉樹林の木立、海の小動物が息づく潮だまりなど、山と海が近接した自然の宝庫。横須賀の子どもたちが身近な自然を体験できる貴重な場所だ。それを有効に活用する手助けをすることも、地域金融機関としての信金の役目だと思う。こうしたボランティア制度はこれからも長く続けていきたい。

ボランティアの語源は「志願兵」で、本来は自発的に奉仕・労働する「人」を指すという。だとすれば「出向」とはそぐわないかもしれないが、相互扶助の慣習があった日本では、そもそも「ボランティア」は浸透しにくかった。それが都市化や少子高齢化の進行で注目度が高まっている。そうした時代だからこそ、相互扶助の精神から生まれた信金の職員は、ボランティア活動を通じて、その原点を見直すべきだと思う。

田浦の基督教社会館の阿部志郎館長、日本基督教団田浦教会の佐藤千郎牧師、横須賀市長、そして私。この四組の夫婦が集まり、毎年十二月二十五日に昼食会を開くのが、十数年前からの恒例となっている。そこで佐藤牧師が聖書の一節を選んで読んでくれるのだが、昨年は「あなたがたの中で偉くなりたい者は、皆に仕える者になり、いちばん上になりたい者は、すべての人のしもべになりなさい」だった。「新約聖書マルコによる福音書十章四十三節・四十四節」とのことだが、どうやらこの言葉は私か、市長のどちらかに向けられたようだ。曹源寺で除夜の鐘を撞き、寒川神社に初詣でに行く私だが、クリスマスぐらいは聖書の言葉に耳を貸すべきかもしれない。

阿部先生には現職につくまで湘南信金の特別顧問会の副座長、座長に就任して頂いた。折々に的確なアドバイスを頂き、社外重役同様の働きをしていただいている大切なお方が、ますますご健康でいらっしゃることを心から嬉しく頼もしく思っている。

## 駅前保育所開設で女性を支援

合併やバブルの後始末の基本は、人と店舗を適正な規模に戻し、適切に配置することだった。ただ数を減らすだけでなく、競争力のあるところに経営資源を集中しなければならない。そのためには良い人材を育てることが重要になる。その一環になるが、私は以前から女性をもっと登用したい、女性の役付き者を増やしたいと考えていた。しかし優秀な女性職員のほとんどが、結婚や出産を機に辞めてしまう。家庭環境や職場環境が「働きながら子どもを育てる」という、ごく当たり前のライフスタイルの障害になっているのである。

一九九一（平成三）年、茅ケ崎信用金庫との合併に伴い、旧茅ケ崎信金の本部だったスペースが遊休状態になってしまった。ＪＲ茅ケ崎駅から徒歩三分の好立地をどう生かそうかと考え抜いた末、託児所（駅前保育所）開設を思いついたのである。なにしろ駅のすぐそばだから、出勤する途中で子どもを預けるにも、迎えに行くにも都合がいいはずだ。

そこで「湘南悠遊倶楽部」という株式会社を設立し、既存の建物の二階にゼロ歳児から幼稚園入園前までを対象とした託児所、「湘南アイルド」を開設した。二〇〇〇（平成十二）年九月一日のオープン時はスタッフ四人、定員三十五名の規模だったが、現在は九人のスタッフで五十五名を預かっている。

「湘南アイルド」開園のテープカット。中央が大箭《おおや》トキ子社長。左は茅ケ崎市添田前市長の代理。右が筆者

「駅に近い」というのが最大の利点だが、「遊んで学ぶわんぱく広場」というキャッチフレーズで、音楽や英語、パソコンを使ったレッスンを組み込むなど、独自性を出すことにもこだわっている。

一九八九（平成元）年、合計特殊出生率（ひとりの女性が一生に産む子どもの数の目安）が、丙午だった一九六六（昭和四十一）年の一・五八を下回ったという「一・五七ショック」が社会に衝撃を与えた。そして「少子化」という造語が使われ出すのは、一九九二（平成四）年、「国民生活白書」（経済企画庁）。「出生率の低下やそれに伴う家庭や社会における子供数の低下傾向」を「少子化」と呼んだのが始まりだといわれている。

それから十数年経つというのに出生率は低下する一方で、二〇〇三（平成十五）年には一・三を割り込んだ。これに高齢化、晩婚化、非婚化が加わり、急速に「少子高齢化社会」が進んでいる。このまま「少子化」が進めば、理論上、日本人は絶滅してしまうが、現実の危機感は希薄だ。

しかし、二カ所で駅前保育を始めてから、当金庫の女性職員の考え方も少しずつ変わってきたようだ。育児休暇を取り、復職する職員の数が年々増えてきているのである。

今年（二〇〇六年）の信金の入庫式の挨拶で、「駅前保育所はキャリアウーマンのための事業だ。結婚しなくてもいい、シングルマザーでもいいから子どもを産んでほしい」と叱咤激励した。新人には過激なメッセージだったかもしれないが、女性の役付き者を増やしたいという私の思惑とは裏腹に、女性の支店長はまだ二人誕生しただけだ。そうした現実に、少々焦りを感じている私がいるのもまた事実なのである。

## 逗子駅にも駅前保育所

茅ケ崎の遊休支店に託児所を開設したのは一九九四（平成六）年のことだ。駅前保育と呼ばれる施設は多いが、金融機関が手がけた例は、当時ほとんどなかったし、今に至っても珍しいケースだと思う。

一九九七（平成九）年には、経営破綻した神奈川県信用組合逗子支店の土地と建物を買収した。これがＪＲ逗子駅の隣接地だったので、逗子支店を建てる際、茅ケ崎と同じように「駅前保育」の託児所を設置することにした。

湘南土地建物が建設したビルを借りて店舗としたものだが、既存施設を使った茅ケ崎と異なり、ゼロから造ったので、いろいろな試みに挑戦できた。逗子駅のすぐ隣のビルの一階が湘南信金の逗子支店とコンビニのスリーエフ、二階が貸金庫室、三、四階は学習塾に貸し、五階が駅前保育室の「湘南アイルド逗子」。屋上は芝生張りにして砂場を設け、高

日影茶屋で園先生（左）、堀口すみれ子さん（中央）と＝1993年11月

いフェンスで囲んだ子どもの遊び場だ。環境面に配慮して「屋上緑化」を実践した施設でもある。

開設は二〇〇四（平成十六）年四月で、保育士は七名、定員は四十名。二〇〇六（平成十八）年から逗子市と葉山町から補助金が出るようになった。

コンビニＡＴＭとの提携も増えているが、コンビニと金融機関のテナントミックスはそれなりの相乗効果が期待でき、今後各地で増えていくのではないだろうか。

二つの駅前保育は、茅ケ崎は株式会社、逗子は有限会社という違いはあるが、働く女性を応援しようというコンセプトは共通している。事務長は田浦基督教社会館できたえた押木高征氏を事務長として派遣し、逗子市長や葉山町長から推薦された人たちが株主になってくれている。

茅ケ崎の社長は地元の大箭《おおや》トキ子さん、逗子の社長は詩人で仏文学者として知られた堀口大學氏の一人娘、詩人でエッセイストの堀口すみれ子さんで、彼女を私に紹介してくれたのは團伊玖磨先生だ。

團先生は堀口大學氏と親交があり、イヴァン・ゴルの詩を堀口氏が訳した詩集、「マレー乙女の歌へる」に曲をつけることを約束したという。團先生がメゾ・ソプラノの独唱、ピアノ、フルートから成る個性的な歌曲集を完成させ、堀口氏との数十年来の約束を果たしたのは、亡くなる直前、二〇〇一（平成十三）年三月のことだった。

葉山に住んでいるすみれ子さんは皇室ともご親交があり、愛子内親王が一歳になられたお祝いに「たままゆ」という詩を創った。この詩は尾高惇忠氏が曲を付け、葉山町で開かれた愛子内親王殿下の「ご誕生奉祝コンサート」などで披露されている。すみれ子さんは皇族方に振舞った料理を再現して招いてくれるなど、わが家とは家族ぐるみの付き合いが続いている。このことは團先生もきっと喜んでくれていると思う。

金融機関の支店として新しい可能性を示した逗子支店は團先生の息子の團紀彦氏の設計。人は知らず知らずのうちに、不思議な縁で繋がっているものだ。

## 米軍の要人との親交

メセナでもボランティアでも、発案して実行に移すまでのハードルは高い。しかしもっと難しいのは、それを継続することである。続けているからこそ、やがて枝葉が伸び、花が咲き、実もなろうというものだ。

振り返ってみると、私の地域貢献活動の原点は、地域医療だった。一九七四（昭和四十九）年、横須賀市小川町に開設した腎臓透析センターは、今では逗子、三浦、久里浜を加えて四カ所となっている。

それから田浦基督教社会館などでボランティア活動をスタートさせたが、ここでは恵まれない子どもたちや知的障害児、寝たきりの高齢者などが支援の対象になっている。観音崎自然博物館を主に利用するのは各地の小学生たちだ。

社会の中で弱い立場に置かれている人たちに手を差し伸べるというと聞こえがいいが、

一度きりの支援なら、資金さえあれば誰にでもできる。大切なのはそれを継続し、社会のシステムとして定着させていくことだと思う。

掃海部隊無事帰国歓迎会並びに懇親会であいさつする（上）。会場の様子＝1992年12月16日、横浜プリンスホテル

これが商売であれば、採算に合わない事業からは撤退し、営業成績の振るわない支店は閉鎖すればいい。しかし私はメセナやボランティアは地域金融機関の重大な責務であり、永遠のテーマだと考えている。だから不良債権処理で苦しい期間も、相当の覚悟を持って続けてこられたのだ。

こうした活動とは別に、横須賀という土地柄から避けては通れない問題として、「米軍」の存在がある。私は私なりの「地域貢献」という見地から、米軍の要人たちとの交友関係を大切にしてきた。

たとえば、これは今年（二〇〇六年）で十七回目を迎えた横須賀場所の前夜祭のようなもので現在も続いている。曙、武蔵丸、小錦ら、アメリカ出身の力士がいた時期には彼らを横須賀基地に連れて行き、航空母艦の甲板でパーティーを開いた。お花見の季節に基地の司令官や海上自衛隊関係者を招き、力士を交えて会食するのも、毎年の恒例行事だ。一九九二（平成四）年、湾岸戦争終了時には、ペルシャ湾での掃海任務を終えて帰還した海上自衛隊を迎える歓迎会を催した。

ペリーが浦賀に来たのは一八五三（嘉永六）年七月八日。連合国軍が横須賀に上陸したのは一九四五（昭和二十）年八月三十日。ペリー来航は二百二十年間続いた日本の鎖国の扉を押し開くものだったが、連合軍の上陸は、今に至る基地問題の原点となっている。

進駐軍は一九四五年九月二日に横須賀のすべての軍用施設を接収した。

それから六十一年が経ち、現在の横須賀海軍施設には、在日米海軍司令部はじめ、横須賀基地司令部、海軍艦船修理廠、海軍施設本部などが置かれているほか、米第七艦隊等の補給、修理、休養等の支援基地として使用されている。

一九九六（平成八）年には、在日米海軍基地（横須賀）にある両替・購買部門「ネイビーエクスチェンジ」と横須賀、逗子など基地周辺に居住する米海軍家族の電気、水道、ガスなどの公共料金と家賃を一括で取り扱うサービスを開始し、便利に利用されている。

## 横須賀伝統の草の根外交

横須賀は「基地」を抱えた街である。行政サイドの基地政策とは別に、民間人が草の根で外交をフォローするのは、倭寇の時代から変わらないスタイルといえるだろう。横須賀にもそうした伝統があり、かつては小佐野皆吉氏が米軍との橋渡し役を果たしていた。小佐野氏は家業は呉服店だったが、戦後は横須賀商工会議所会頭、横須賀防犯協会の会長なども歴任された。

横須賀港は現在、米第七艦隊旗艦ブルーリッジ、空母キティホークなど、計十一隻もの母港となっているが、小佐野氏はこの強力な「第七艦隊」に次ぐ存在として「ハチカン」、つまり「第八艦隊」という異名をとった傑物だった。

強引で押しの強い人物として知られていたが、私の母と幼なじみだった縁で、私にとても目をかけてくれた。私にとっては記憶に残る恩人のひとりである。右翼や旧軍人との交友関係も広く、驚いたのは二月十一日の建国記念日に、奈良の橿原神宮で開かれる紀元祭に、米軍の要人を引き連れて行ったことだ。

神武天皇を祀る橿原神宮は、神武天皇陵のある畝傍山の麓に、一八九〇（明治二十三）年に官幣大社として創設された神社だ。比較的新しいが格式は高く、建国記念日当日には右翼の街宣車が参集することでも知られている。

観光旅行を兼ねた物見遊山の旅ではあったが、小佐野氏が元気な間はずっと続けられ、私もいつもお供をして行った。彼らは橿原神宮の祭祀の様子を物珍しげに見ていた。日本人でさえ滅多に見聞しない日本の文化の深層を垣間見たことは、米国人に日本人の精神構造を理解してもらう一助になったと思う。特に尺八が「紀元節」を合奏する場面は、本当に厳かなものだった。

米軍人らと一緒に橿原神宮に参詣。前列中央は小佐野氏。その斜め左後ろが筆者

私はこの小佐野氏から横須賀防犯協会の会長職を受け継いだのと同時に、米軍との橋渡

し役も引き受けることになった。

在日米軍との交流ではもう一人、元海上幕僚長の前田優氏の存在が大きい。前田氏は海軍兵学校の第七十三期生で、空母「鳳翔」の乗組員だった経験があり、一九八一（昭和五十六）年〜八三（昭和五十八）年まで、第十四代海上幕僚長の重責に在った。余計なものを削ぎ落とした体躯の持ち主で、骨太で背筋がピンと伸び、独特な存在感がある。海自時代の前田氏に仕えるのは並大抵のことではなかったろうと想像されるが、人が最も嫌うことは自ら行うという、尊敬すべき人である。

前田氏は「横須賀の民間人と横須賀に駐在する米軍のトップの交流が海上自衛隊のためになる」という持論の持ち主で、英語も大変堪能で、私と在日米軍、私と海上自衛隊との橋渡し役となってくれたのである。余生を横須賀で過ごしたいという希望を叶え、いまも益々お元気でいられることは心強い。奇しくも團先生と同年であり、私が大きな影響を受けたひとりだ。

在日米海軍司令部では幹部が交代すると、辞令を渡して勲章を授与する引継式が厳かに行われる。私はその席に招かれているが、年々席次が前になって、とうとう最前列になってしまった。それだけ長い間、彼らと付き合ってきたということだと思う。退官あるいは交代する軍人の挨拶の中で、「服部にも世話になった」と言ってもらえるのはなかなか嬉しいものである。

現在（二〇〇六年）の在日米海軍司令官のジェームズ・D・ケリー少将は「ジェイミー」と呼ばれる心優しい軍人だ。

彼は地元の横須賀の人の心をつなぎとめることに大いに心を砕いている。今年（二〇〇六年）一月、空母キティホークの乗組員による殺人事件が起こった後は、深夜の外出禁止、飲酒禁止令を出したほか、街の清掃などのボランティア活動に力を入れるようになった。

私は地域金融機関としてどんな防犯対策が可能か、これからも真摯に考え続けていくつもりである。

## 神奈川ならではの危機管理を提案

サンフランシスコ平和条約が発効した一九五二（昭和二十七）年、神奈川県内には実に百六十二カ所、約三五・九平方キロメートルもの米軍基地があった。その後、漸次縮小したものの、今なお十六カ所が残ったまま。しかも在日米陸軍司令部があるキャンプ座間、在日米海軍司令部がある横須賀基地など、主要な施設が集中し、駐留軍の従業員数は約九千人で全国一となっている。

横須賀に限らず、基地を抱えた自治体では防犯対策に苦慮しているようだが、私は以前から米軍の高度な防災機能や災害発生時の救援能力に着目してきた。そこで岡崎洋知事の時代に、「神奈川県防災懇談会」の開催を働きかけた。

基地の存在を「負」の財産とばかり考え、神奈川県の港には軍艦を接岸させないという考えでは、万が一、災害が発生した場合、多くの地域が孤立して離れ小島のようになってしまう。いざという時は、陸、海、空の各自衛隊と米軍が一致協力し、横浜港や川崎港に軍艦を横付けして、地元民の救済にあたるべきだと訴えたかったのだ。

神奈川県は私の意見を取り上げ、神奈川県防災懇談会を立ち上げただけでなく、一九九一（平成三）年六月には、災害への迅速で的確な対応を図る指揮命令機能など、災害対策全般の総合調整機能を持つ組織となる「防災局」を新設した。これには私の横須賀高校の後輩で、現在県会議長をしている牧島功君の協力も大きかった。

第５回神奈川県防災懇談会で。左から３人目が筆者、同４人目は松沢知事。手前は米軍関係者＝2005年９月９日

こうした部署の設置は都道府県では初めてで、ある意味では非常に画期的なことだった。「防災局」はその後、二〇〇五（平成十七）年四月に「安全防災局」に再編されている。

こうした経過の中で、横浜港や川崎港への軍艦の寄港が可能になった。さらに二〇〇三

（平成十五）年からは、米軍関係者も防災懇談会に参加するようになっている。米海軍太平洋艦隊司令官ラフヘッド大将が率いる航空母艦の乗組員はおよそ五千五百人。護衛艦を含めると一万人近くの米軍の協力が得られれば心強い。

こうした協定も作っただけでは意味がない。効果的に運用するには、定期的に幹部が顔合わせを行い、スムーズな意思疎通ができるようにしておく、つまり適切なメンテナンスが重要である。年一回開かれる防災懇談会は、そうした意味でも重要な役割を果たす場となった。陸海空の三つの自衛隊間の風通しがよくなったという声も聞こえ、思わぬ副産物があったものだと思っている。

多くの自治体は米軍施設だけでなく、自衛隊施設もお荷物だと思っているフシがある。日常の訓練に顔をしかめておきながら、「災害時は頼む」という姿勢は感心しない。自衛隊は災害時の救援のためにだけあるわけではないのだ。

もしも災害が発生した時は、陸海空自衛隊と米軍が救助活動や避難活動に協力してくれる。正確な情報はＦＭ放送で提供する。そうした防災体制を整備することも、地域金融機関である信金が担うべき責務の一端だと思う。

## 接待に備えて小唄の稽古

何か新しいことを始めるときには三つの壁がある。やりたいことを見つけること、それを実際にやってみること、そして継続することだ。信金の立て直しも、新規事業も、メセナもその繰り返しだった。それは道楽においても同じで、最たるものが長唄だ。

実は私が最初に習ったのは小唄だった。カラオケなどない時代、接待の宴席といえばお座敷芸。酒が飲めない私は「何か芸でもやれ」といわれた場合に備えて、小唄を習うことにしたのである。

最初は横須賀信金（当時）の吉井市蔵理事長に連れられて、小唄流の幸久師匠につくことになった。幸久師匠は元は横須賀の芸者で、小唄の名手として知られ、かなり高齢になってからも東京の家元のところへ定期的に稽古に通っていた。幸いにも稽古場が信金の本店の裏手にあったので、もっぱら昼休みを利用して通ったものである。

小唄は爪弾きの三味線の伴奏で、サラリと唄う典型的なお座敷芸だ。長唄、清元、常磐津、新内、義太夫など、日本の伝統音楽のエッセンスを詰め込んだダイジェスト版のようなもので、一曲が短く、長くてもせいぜい二、三分だ。

お座敷では一曲ではなく、二曲唄うのが小唄のルール。だから春夏秋冬それぞれの曲と季節感のない曲、都合五曲を覚えれば、年間を通じて、宴席の座興をこなせるようになる。最初に覚えたのは「お互いに知れぬが花よ〜」と唄い出す『お互いに』だったと思う。小唄の歌詞は、男女の機微や雪月花、四季の風情を読み込んだものが多く、洒落、皮肉、粋を重要視するので、なかなか奥が深い。

横須賀の料亭「小松」で小唄を披露する筆者（左）。中央は幸久師匠

そうこうするうち、習い事の常で、お弾き初めや浴衣ざらいなどの会にも出るようになった。ところがトリを務める吉井理事長が空っ下手なので、前座はあまり上手くても、かといって下手すぎてもいけない。他愛のない悩みだったが、横須賀の料亭「小松」などで

開いた会が、今ではいい思い出となっている。

小唄は歌声を抑えた唄い方が特徴だが、昭和四十四、五年ごろ、稽古の最中に裏声がまったく出なくなってしまった。「これはおかしい」と検査をしたところ、喉にポリープができていた。すぐに手術して事なきを得たが、普通に会話していたら気づくことのない病変で、これは小唄を真面目に続けたおかげだったともいえる。

私たちが受けた音楽教育は、先生の伴奏に合わせて歌うだけ。だから楽器も弾けず、譜面も読めない。けっきょく楽器とは無縁なままで、小唄や長唄は習っても、三味線には手を出す気になれなかった。

小唄では中棹の三味線を撥を使わずに爪弾く。たったの三本の弦を、指先の感覚だけで操ることは私にはできそうもないと思った。その繊細な音色と日本語の情緒溢れる歌詞との絶妙な組み合わせ。小唄に限ったことではないが、邦楽はもっと大事にされるべき大切な文化だと思う。

## 長唄・勧進帳でトリを務める

小唄の幸久師匠が亡くなったのを機に長唄を習おうと考えていたところ、日本舞踊藤間流教授の女性の紹介で味見亨氏に師事することができた。味見先生は東京藝術大学教授（現名誉教授）で、母校で教えるほか、ＮＨＫ教育テレビなどで活躍されている。

芸大の邦楽科長唄専攻生はほとんどがプロを目指すが、洋楽と違って卒業後の活躍の場が限られている。そこで一九五七（昭和三十二）年、芸術院会員でもあった山田抄太郎先生を中心に「長唄東音会」が結成された。芸大教授と卒業生らによる演奏団体で、味見先生は長唄東音会会長で、長唄協会の理事でもある。

長唄は歌舞伎舞踊の伴奏音楽として発展した三味線音楽で、小唄に比べると派手でリズミカルなのが特徴だ。一曲が長くて、中には五十分を超えるものさえある。私は舞踊のある歌舞伎が好きだったので、最初に「京鹿子娘道成寺」に挑戦した。安珍清姫の伝説に基づく

2004年11月25日、横浜にぎわい座で、味見先生（右から4人目）の「絃味会」で長唄を披露する筆者（同5人目）。右の写真は国立能楽堂で「海人」を舞う坂本先生

能の『道成寺』が原作で、歌舞伎舞踊の中では最も人気が高い名曲だ。

その後、味見先生には、湘南信用金庫主催の「湘南長唄三味線・味見亭の会」に出演していただくようになった。第一回は一九九六（平成八）年四月三日、「湘南しんきんホールくりはま」で催された。長男の味見純氏や東音会のメンバーも多数参加して、当日の二回の公演に抽選で当たった人たちは大喜びだった。

文化・芸術分野のメセナとしては、それまでにも映画上映会、ニューイヤー・コンサート、ジャズ・コンサートなどを開催していたが、実は「邦楽のみ」というのは初めて。入場者が集まるかどうか懸念していたが、幸い杞憂に終わった。

ちなみに「ホールくりはま」は一九八七（昭和六十二）年、久里浜支店の増改築を機に、湘南メセナのひとつの拠点とするべく開設したもの。収容人数は約百八十人、当時としては最新の音響・照明設備を備え、規模は小さいながら、設備については高い評価を得た多目的ホールである。この初回公演の演目は、長唄の傑作『花見踊』、富士の夜明けの情景を唄った『黎明』、そして歌舞伎でお馴染みの『勧進帳』だった。ご存じの通り、弁慶の機転で安宅の関の窮地を脱する義経主従の物語だ。

現在、私はこの『勧進帳』を稽古中。今秋（二〇〇六年）、国立劇場で開かれる味見先生の秋の会でトリを務める重責を担うからだ。とはいえ、時間がないため、もっぱら移動の車中で「旅の衣は篠懸の～」とやっている。

小唄と違って、長唄は一年に一曲マスターできればいいだろう。それほどエネルギーを要する長唄に打ち込めるのは、わが家のホームドクターの坂本龍先生が能について「師匠」級の域に達しているからだ。しかも、奥さまも能面を打つという「二人三脚」である。向こうが国立能楽堂でシテを舞うというなら、こちらは国立劇場のトリに挑戦するしかあるまい。

もしかしたら当日一度きりしか着ないかもしれない色紋付きが、間もなく出来上がってくるはずだ。

## 連携は出会いの果実

経済的にはまだまだ厳しい環境にあった一九九〇年代後半、湘南信用金庫が地域金融機関としての方向性を明確に打ち出し、各方面から注目を浴びたのが「しょうなん産学連携ファンド」の設立だ。

これは湘南信金と東海大学が提携して設立したベンチャーキャピタルで、信用金庫と大学の連携という日本初のケースだった。記者発表は一九九九（平成十一）年七月八日。この年の一月二十日に基本合意に達し、六月二十六日に調印という前段階があった。

ベンチャーの歴史を振り返ると、当時は「日本列島改造論」の発表からオイルショックまで続いた第一次ベンチャーブーム（一九七〇〜七三年）、マイコンやパソコンなどの技術革新に先導されて盛り上がったものの、円高不況でしぼんだ第二次ベンチャーブーム（一九八三〜八六年）に続く「第三次ベンチャーブーム」といわれていた。第一次ブームでは、ファナック、アスキー、ソード、セシールなどが、第二次ブームでは、セガ・エンタープライズ、ユニデン、テンアライドといった企業が誕生している。

一九九三、四年ごろから始まったといわれる第三次ベンチャーブームの流れの中で、傍目には周到に準備を重ねたように見えたかもしれないが、私が東海大学サイドと具体的な接触を始めたのは一九九八（平成十）年の十一月だ。

実質的には約半年でのスピード設立が可能となったのは、まさしく機が熟していたからで、私がそのタイミングを捉えられたのは、重層的な人の出会いがこの時期にピタリとはまったからかもしれない。

直接のきっかけは、園田博之衆議院議員の秘書である平

上は協定調印後、松前達郎総長（右）と握手する筆者。下は祝賀会で池田社長（右）と

野敬典君の結婚披露宴だった。こういう席では依頼された挨拶を済ましてしまうと、なんとも手持ち無沙汰になる。そこでまったく面識のない隣の席の人と、とりとめもない話を始めたのだが、それが科学新聞社の池田冨士太社長だった。

まったくの初対面ではあったが、話は産学連携からベンチャーキャピタルへと発展し、すっかり意気投合してしまったのである。おまけに「科学新聞」という存在を、私はそのとき初めて知ったのだ。「科学新聞」は一九四六（昭和二十一）年に東海大学元総長の故松前重義氏によって創刊されたもので、菅礼之助氏（元東京電力会長）、茅誠司氏（元文部科学省学校教育長・東大総長）、土光敏光氏（元経団連会長）、佐々木義武氏（元科学技術庁長官・通産大臣）らの後援を受けたという。

しかも話の端々から池田氏が故松前総長を大いに尊敬していたことがうかがえた。この後、池田氏を通じて東海大学の関係者を紹介してもらい、一気にベンチャーキャピタルの設立にこぎつけることになる。

しかし披露宴の宴席で見ず知らずの池田氏と隣り合わせる、会話を交わして意気投合するという二重の偶然のどちらが欠けても、一九九九（平成十一）年七月八日の記者発表はあり得なかっただろう。

## 人の「縁」を結ぶ結婚披露宴

私が科学新聞社の池田冨士太社長と出会った結婚披露宴に出席していたのも、偶然の出会いから始まっている。その十数年前、やはり結婚披露宴の席で、園田博之衆議院議員と隣り合わせたことに遡るのだ。

私にとっては取引先の子息の結婚式。園田先生も以前勤めていたニチロの取引先という縁で列席し、ともに祝辞を述べることになっていた。園田先生とはもちろん初対面だったが、少し言葉を交わしただけで、二人とも新郎新婦についてほとんど何も知らないということがわかった。

それならば、と二人で話し合い、「新郎は父親の轍を踏まなければ、いい経営者になれるだろう」という、少々意地の悪い挨拶をしようということで意見が一致し、役割分担を決めたのである。私の祝辞の中心は「女性問題を起こさないように」という戒めだった。

「神奈川園田会」であいさつする。右は園田先生

園田先生は、第二次佐藤内閣に厚生大臣として初入閣し、水俣病を公害に認定した園田直衆議院議員の息子さんである。園田直氏は一時、園田派を率いたが、福田派に合流して、福田内閣で内閣官房長官、外務大臣を歴任し、一九七八（昭和五十三）年には、日中平和友好条約締結の大役を果たしている。その後も鈴木内閣で厚生大臣、外務大臣などを務めたが、一九八四（昭和五十九）年に急逝された。

園田博之氏は一九八六（昭和六十一）年の衆議院選挙に直氏の後継者として出馬した。義母にあたる園田天光元労農党議員との激しい分裂選挙を制したが、私と隣り合わせた結婚式は、初当選直後のことだったように記憶している。

そんなことがきっかけで私たちは親しくなり、私は「神奈川園田会」を結成して、今もって利害関係のない応援を続けている。

園田先生は初当選以来七期連続当選中で、郵政民営化では、自民党郵政改革合同部会座長として、党内の取りまとめ役として手腕を発揮された。いつものことだが選挙には極めて強く、開票率ゼロでも当確が出るほどで、おそらく日本一早いのではないだろうか。選挙に強い議員は良い仕事ができるものである。

改めて振り返ると、十数年を隔てた二つの結婚披露宴で、たまたま隣に座った人と会話を交わし、それが大きなビジネスに結びついたことに不思議な縁を感じないわけにはいかない。どうやら結婚披露宴とは、新郎新婦の縁を結ぶだけのものではないようだ。

もっとも、私にとって披露宴はいい思い出ばかりではない。

やはり、ある披露宴に招かれたときのことだが、その媒酌人が、汐入小学校時代の教師だった。こともあろうか、たいしたことでもない理由で私を廊下に立たせ、それを忘れて、自分だけさっさと帰ってしまった張本人だったのだ。

暗くなっても家に帰らない私を心配し、母が学校に探しに来なければ、私はそのまま小学校で一夜を明かしたかもしれない。

その当時の不安な気持ちが一瞬にしてよみがえり、けっきょく新郎新婦への祝辞はそっちのけで、媒酌人の批判一色になってしまった。こんな私でも、子ども心に受けた傷は、なかなか癒えないものらしい。

## 意中の「お相手」は東海大学

バブル崩壊後、大手銀行の「貸し渋り」が広まった。新規融資や継続融資に応じないだけでなく、すでに提供した担保について追加担保を求めたり、株や土地担保の売却返済を求めたりするケースも多々あった。さらに融資を引き揚げてしまう「貸しはがし」も増え、中小企業向けの融資残高は大幅に減少した。

こうした経済状況は、銀行の自己資本比率アップ対策で中小企業の経営を圧迫するだけでなく、せっかく伸びようとする新しい芽を摘む悪循環を招いていた。

苦境に陥った中小企業を目の当たりにし、地域金融機関はいったい何ができるのか、何をすればいいのか、新しい仕事を立ち上げたい人や仕事の方向転換を図りたい人には何をしてあげられるのか。自問自答を続けた私が行き着いた答えが「ベンチャーキャピタル」だった。

当時は第三次ベンチャーブームのはしりでもあり、湘南信用金庫として、神奈川県のキャピタル事業に協力したこともある。ベンチャービジネスを志す顧客企業を県に紹介し、県の審査を通った企業に融資するという仕組みだったが、こうした事業モデルは往々にして、融資の実行をゴールと勘違いしやすく、その後のフォローがまったくなされていない。

産学連携企業化支援協定調印後、共同記者会見に臨む（左から）内田裕久・東海大教授、池田冨士太・科学新聞社長、田中俊六・東海大部長、筆者、堀井慎一・エヌ・アイ・エフ社長ら

まるで生まれたての子どもに財布を渡して、好きに使え、そしてしっかり生きていけと言っているようなものだ。私はこうした「官製」のベンチャーキャピタルの限界を痛感していた。

そこで浮上するのが「産学連携」だ。これも当時注目を集め始めていたキーワードである。

大学と企業間との連携の推進は、一九八三（昭和五十八）年度の民間などとの共同研究制度の発足、一九八七（昭和六十二）年度の共同研究センター整備の開始など、主として国立大学を中心に据えて、各種制度や体制が整備されてきた。そして一九九六（平成八）年に閣議決定された「科学技術基本計画」で、産学官の連携・協力が一つの柱とされたのである。

この後、文部省（当時）の調査研究協力者会議は、新しい産学協働の構築、特許等に係る技術移転システムの構築などに関する報告書を発表し、一九九九（平成十一）年には学術審議会（当時）が「科学技術創造立国を目指す我が国の学術研究の総合的推進について」の答申の中で、産学連携の推進を中心とする「社会への貢献」を明確に位置づけている。

私が科学新聞の池田冨士太社長と偶然に知り合ったのは、まさにこういう時期だった。それは私が心の中で温めていた「ベンチャービジネスを育成するための産学連携」という骨格に、血と肉を与えて生命を吹き込む、まさに運命的な出会いとなった。

その時点では、私もまだ連携相手の条件として、湘南と地縁があって、できれば医学部のある大学がいいという程度のイメージしか持っていなかった。ところが池田氏が名を挙げた東海大学は、その条件にピタリとはまったのである。

## ベンチャー精神に溢れた東海大学

東海大学は十三学部七十二学科・専攻・課程を擁する総合大学（二〇〇六年現在）で、メインキャンパスは平塚市の湘南キャンパスで、湘南医療技術短期大学も隣接している。このほか、伊勢原にはキャンパスと医学部付属病院があり、神奈川県とはとりわけ縁が深い。

創設者は、逓信省の高等技官時代に、通信技術史上画期的な「無装荷搬送ケーブル」を発明した故松前重義博士だ。松前氏が逓信省工務局長だった一九四二（昭和十七）年に創設した航空科学専門学校を前身として、旧制東海大学を経て、一九五〇（昭和二十五）年に新制の東海大学となり、現在に至っている。

内村鑑三に師事して哲学を学んだ松前氏は、懲罰召集で二等兵として出征し、戦後は逓信院総裁に就いたものの、公職追放で辞職を余儀なくされる。その後、社会党から出馬して衆議院議員となったが、常に時代を先取りしつつ、多彩な分野で活躍された傑物だ。

学校のスタートは航空学校。そして一九六二（昭和三十七）年に開設された海洋学部はわが国初、そして今なお唯一の学部だ。こうしてみると、東海大学自体がベンチャー精神に満ちたものであることがわかる。

実際、こうした先取性は産学連携の分野でもいかんなく発揮されてきた。一九七六（昭和五十一）年という早い時期に、全学の組織を横断的に貫き、学際的な研究や、産官学の共同研究を支援する「総合研究機構」が設立されたのも、松前氏の思想と行動が反映されたものだろう。

調印祝賀会であいさつする内田裕久先生

なにしろ、戦時中に航空学校を作り、科学技術の情報を提供するために科学新聞を創刊し、日本初の民間FM放送であるFM東海（現エフエム東京）を開局したのだ。先進性の固まりであるばかりでなく、どれをとっても立派なベンチャービジネスである。

松前氏の遺産は、人材面にも顕著に表れている。

産学連携ファンドで東海大学側の代表者となった内田裕久氏は、東海大学生え抜きのエース教授だ。研究推進部部長と工学部教授を兼務しつつ、産学連携に取り組み続けてこられ、現在は工学部長、および理事の重責を担っている。保守的な大学が多い中で、偉大な創立者のＤＮＡを受け継いだ東海大学が、こうした優れた人材を通して、地域に温かい目を向けていることは非常に心強い。

産学連携が芳しい結果を出せない原因は、まず役人の無責任な口出し。それから特に良くないのが、利潤の追求を最優先させるベンチャーキャピタルの姿勢、そして時間をかけて育成することを見失っているシステムそのものにある。そういう点で、私と内田教授の考え方は非常に近かった。だからこそ、スピード設立が可能だったのである。

ベンチャーキャピタルも信金も、本来は組織で動くものだが、根本は個人にある。組織を動かすのは人の意識や気概だからだ。このファンドの設立は、人の心のベクトルが見事に重なり合った好例だと思う。

## 猪熊功の人脈を生かす

東海大学創設者である故松前重義氏には、柔道のパトロンというもうひとつの顔がある。東海大学柔道部からは、山下泰裕、井上康生、塚田真希などのオリンピックのゴールドメダリストが輩出しているが、松前氏が早い時期に目をかけたのが、東京オリンピック重量級の金メダリスト、猪熊功だ。猪熊は横須賀高校の出身で、私より四歳年下。長年付き合ってきた親しい後輩の一人である。確か先々代の宮城野親方（広川）とは不入斗中学の同期生だったはずだ。

猪熊は東京教育大時代の全日本選手権で学生王者となり、「昭和の三四郎」の異名を取った。一七三センチ、八〇キロで、重量級としては小柄だったこともあり、柔道が初めて採用された東京オリンピックでは、猪熊が重量級に、ライバルだった故神永昭夫氏が無差別級にまわった。

猪熊と、彼が決勝で負かしたロジャースとの体重差は三二キロ。神永がヘーシンクに敗れたときは、猪熊を無差別級に出していればと思ったものだ。彼は高校時代から米軍相手のキャバレーの用心棒のアルバイトをしていた。猪熊の師匠は尚武の気風に満ちた海軍柔道家の渡辺利一郎八段で、大男との戦い方なら日本中の誰よりも慣れていたはずだった。

調印祝賀会会場で、筆者（前列左）と並ぶ猪熊氏

オリンピックなどの選手の選考基準は記録や成績に偏りがちで、時に曖昧な後味の悪さを残す。現場を知っている人間の強さや経験にも、可能な限り、目を向ける必要があると思う。こうしたスタンスは議員や役人に、特に求めたいものでもある。

猪熊は一九六五（昭和四十）年の世界選手権も制したが、二十七歳で第一線から引退すると、順天堂大の助手、警視庁柔道師範などを務め、一九六六（昭和四十一）年、東海大学と大成建設が大株主だった東海建設の常務となった。実業家として歩み始める一方、東海大学で山下泰裕らを鍛え、指導者としても大きな功績を残した。国際柔道連盟の会長となった松前氏の秘書役をこなすなど、松前氏との関わりはずっと続いていた。

横須賀にＦＭ局を立ち上げる際は、やはり松前氏が興したＦＭ東海（現エフエム東京）の関係者を猪熊から紹介してもらった。

また、産学連携で東海大学と組むにあたり、科学新聞社の池田冨士太社長ルートとは別に、猪熊を介して東海大学関係者の新年会に参加し、現在の総長である松前達郎氏を紹介してもらった。東海大学も湘南信金も湘南に地盤があり、地域との融合をはかってきた。その実績を生かして、パートナーシップを組もうと持ちかけたのだ。

このとき、私がついうっかり「二流は二流同士」と口を滑らせたため、総長はいたく立腹されたようだ。

しかし産学連携の実現には支障なく、直ちに半年後の実現へ向けて動きだすことになった。猪熊は、「しょうなん産学連携ファンド」の設立を、もっとも喜んでくれた人の一人といえるだろう。

ところが二〇〇一（平成十三）年九月二十八日、突然猪熊の訃報が飛び込んできた。まさか日本刀で喉を突いて自殺するとは思わなかった。しかも死の直前、九月末が期日だった借入金の返済に充てるよう、送金がなされていた。資金繰りに詰まっていても男の約束と美学を貫いたのであろう。かわいい子分を失って極めて残念である。

ほどなく二通の遺書が届いた。文字に乱れはみられなかった。見事な最期だったのだと思う。この遺書の取り扱いに悩んだ私が、私の菩提寺の長源寺の住職に相談したところ、住職は私に遺書を届けさせ、本堂でお経をあげて丁重に供養してくださった。

## 「産学連携」に新風

「しょうなん産学連携ファンド」は信用金庫と大学の連携という新規性で、多方面から注目を集めた。金融機関と大学が組む最大の利点は、ベンチャー企業の技術力や将来性を大学が評価することにある。

このファンドの主体は、湘南信用金庫と関連会社が九億二千万円、日本インベストメント・ファイナンス（現エヌ・アイ・エフSMBCベンチャーズ）が八千万円を出資して設立した「投資事業有限責任組合」である。湘南信金関連の出資比率をここまで高くしたのは、投資先の新規性や将来性を見抜いたとき、直ちに投資できる仕組みを作っておきたかったからだ。

このファンドでは、まず起業家から寄せられた事業化計画を、東海大学、湘南信用金庫、科学新聞社、エヌ・アイ・エフSMBCベンチャーズの代表で構成する審査委員会で徹底的に評価する。審査をパスした案件について、「しょうなん産学連携ファンド」の投資事業有限責任組合が一回五千万円以内、一投資先一億円を限度に投資し、東海大学は事業化計画を実施するための研究開発を支援する。

「太陽の季節」は私たちがモデルと語る筆者＝2000年10月4日、東京都千代田区

また、東海大学関連と関係の深い科学新聞社が、案件の予備審査や、研究の各段階で活用できる各種の支援制度などについて、情報提供やアドバイスを行うことになっている。

第三次ベンチャーブームの中で多様なベンチャーキャピタルが次々と誕生していたが、多くのファンドは技術評価に関する知識やノウハウが不足していた。

金融機関は資産担保の評価はできても、技術や知識など、目に見えないもの、形の無いものには疎い。その点、産学連携の草分け的な存在で、しかも湘南に基盤を持つ東海大学と組めたメリットは大きかった。

一九九八（平成十）年八月に「大学等技術移転促進

法が施行されて、各大学でTLO技術移転機関の設立が相次いだが、この時期に設立されたTLOに東京大学のCAST（八月）、慶応義塾大学知的資産センター（十一月）などがある。しかし、東海大学で同様の機能を持つ総合研究機構は、それから二十年以上も前の一九七六（昭和五十一）年に設立されたものだ。この一点だけを見ても、その先見性の確かさには驚かされるばかりである。

しかもこの機構の中に、大学と企業の接点となる窓口として、研究推進部が設けられていた。企業のニーズと大学の知的財産を具体的にコーディネートする部門で、委託・特別学術研究の契約数は毎年九百〜千件、契約金額二十億円という実績は、「大学は閉鎖的」というイメージを覆すに十分すぎるものだ。

湘南信金は起業家の発掘と仲介、東海大学は技術評価と研究開発支援、投資事業組合は初期の事業推進に必要な投資を行うという三者の役割と責任を再認識しつつ、「しょうなん産学連携ファンド」はスタートしたのである。

## 「人のために」が商売に

「しょうなん産学連携ファンド」の正式発表は、一九九九（平成十一）年七月八日。しかしこの年の一月に湘南信金と東海大学との連携交渉が表面化していたこともあり、設立時点での問い合わせは百二十件を超えていた。

ファンドの申請資格は「新規性を持つ事業の開発・拡充を目指す企業（個人）で、将来株式公開を目指される企業・個人」というシンプルなものだ。これは野田武夫先生に学んだ「門は閉ざすな」という教えにのっとっている。

そのせいか、百二十件のうち、湘南地域は四十件。残りの八十件はその他の地域からのものであった。信用金庫は営業区域外への融資が行えないため、他地域の起業家の要望に直接応えることはできないが、その地域の信用金庫と提携して支援策を探ることはできる。それは信用金庫間の、本来の意味での業務提携になるはずだ。

「あさりの王様」の開発に取り組む秋山信彦・東海大学海洋学部教授（左）と高橋章・三徳社長。左の写真はロゴ

ファンド設立時、百二十件のうちの二十件程度が最初の投資対象として具体化していた。設立してから始めるのではなく、設立したらすぐ投資できるような状態にすることが重要だと考えていたからだ。

もちろん、問い合わせ件数が多いからといって、湘南信金も手をこまねいていたわけではない。各支店の営業担当者から人選し、起業家抽出チームを結成して、取引先からもファンドの対象者をピックアップする体制を整えた。

比較的順調に滑り出したのが、アサリの育成だ。

国内産のアサリは冬場（十一月～一月）に身が痩せてしまう現象に悩んでいた取引先が、一年を通して実入りの良い、美味しいアサリを食べられないか、と駆け込んできたのである。幸い、東海大学との協力で痩せるのを防ぐエサ（スピルリナ）を開発し、通年、質のよい「あさりの王様」を市場に送り出すことができるようになった。

三浦市の農家からは「昔ながらの根が太くて赤いホウレンソウを作りたい」という申し入れがあった。「局地的な天気予報を事業化したい」というアイデアも持ち込まれた。そのほか、「江戸時代以来の古い写真十万枚を電子化して売りたい」という問い合わせがあったし、「カットした髪の毛を吸引する機械をさらに改良したい」という相談もあった。これは一般の理美容院で使うだけでなく、介護病棟などでの利用が見込めるなど、新たな方向に展開している。

時代はＩＴバブルにさしかかっていたが、ハイテクとは無縁な、個性的な案件も多いのが実態だ。普通の人がちょっと不便だと思っていることが、実は高い頻度でビジネスに結びつく。高齢者や病人の介護の分野が特にそうで、人のためになって、しかも商売になるなら、こんな結構なことはない。そういう「人」や「アイデア」に有効な投資をしていきたいと思う。

## 待望の「上場第1号」が誕生

ベンチャーキャピタルの「しょうなん産学連携ファンド」は設立から七年が経った。これまでの投資先は十一件、投資済金額は四億三千五百万円に達している。そして、この間の投資先は、魚介類養殖、衛星データによる船舶用海洋気象情報提供、新エネルギー導入など、さまざまな分野にわたっている。

ところで、本来のベンチャーキャピタルは、成長が見込める企業に投資し、その企業が株式市場に上場したときに株式を売却して、キャピタルゲインを得ることが目的となっている。

しかし、実際には十に一つ、いや、百に一つでも当たればいい方だろう。

そんな中で「しょうなん産学連携ファンド」が待ちかねた上場第一号が、二〇〇四（平成十六）年十一月に誕生した。

その前年の六月に投資した「ＬＴＴバイオファーマ」が東証マザーズに新規上場を果たしたのである。同社は薬物を特定部位や時間帯に作用させるドラッグデリバリーシステム（ＤＤＳ、薬物送達システム）医薬品を中心とした開発を手がけるバイオベンチャーだ。

東京慈恵会医科大学ＤＤＳ研究所、聖マリアンナ医科大学難病治療研究センター、熊本大学薬学部創薬研究センターと、産学連携の形で共同研究・委託研究等を行っている。

ベンチャーキャピタルとしては、あくまで株式上場が前提となるが、信用金庫としては、新規取引先、優良取引先の開拓も視野に入れなければならない。

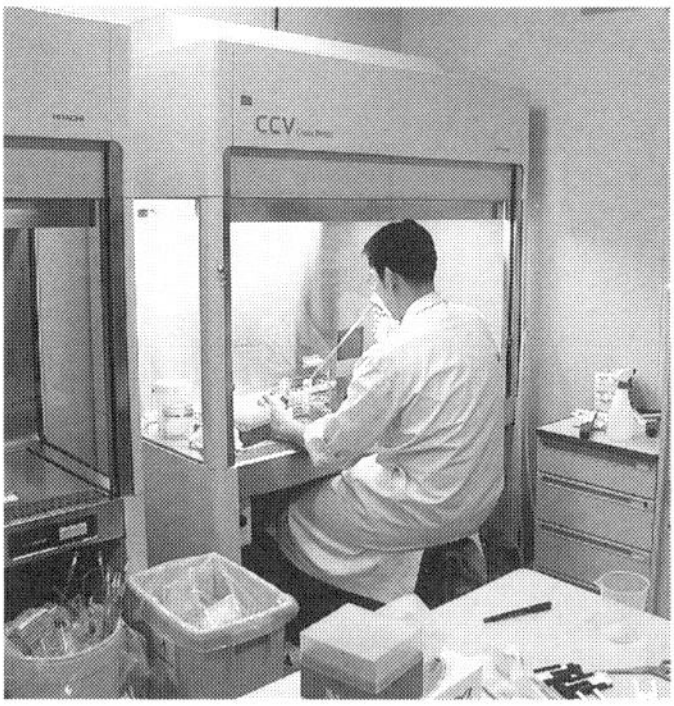
LTTバイオファーマ社DDS研究室

そこで二〇〇〇（平成十二）年十一月に、投資総額十億円で、「しょうなん産学連携事業化支援ファンド（キャッチボールファンド）」を設立した。出資額の99％を湘南信金が、１％をつばさ証券系のつばさハンズオンキャピタル（現ＭＵハンズオンキャピタル）が出資した、有限投資事業組合が投資主体となっている。

起業段階のベンチャー企業のインキュベーション（孵化）を主目的としたもので、創業後間もない企業を対象としている点が「しょうなん産学連携ファンド」とは異なるものの、基本的な支援体制は同じだ。企業の要請に応じて東海大学が受託研究やコンサルティングを行い、その費用もファンドの投資対象とすることができる。

これまで十件に投資し、投資済金額は五億三千七百万円になるが、現段階で四社が順調に成長しているといえるだろう。

他地域からも多くの問い合わせを頂いたが、結果的に「しょうなん産学連携ファンド」は地域性の濃いものとなった。それは湘南信金が地域に深く根ざした金融機関であることを証明している。それを「限界」ではなく「長所」に変えるためにも、湘南の漁業関係者や農業関係者が、大いにベンチャー精神を発揮してくれることを期待している。

## 人はゴルフで育てられる

地域に根ざした信用金庫という立場で「しょうなん産学連携ファンド」というベンチャーキャピタルを立ち上げたのは私が六十代前半のことだ。

投資した企業が順調に育った場合に得られるキャピタルゲインを期待しているのは当然だが、上場までいかなくても、元気のいいベンチャービジネスが湘南信金の顧客になってくれればいいのである。

しかし、それだけはなく起業家や研究者、新しいビジネスが成長していく姿を見るのは楽しいものである。

それは、私もこれまで多くの人に学び、育てられてきたということを実感するのと同時に、今度は自分が育てる立場の歳になったと考えるようになったからかもしれない。

たとえばゴルフもそのひとつだ。まだ二十代だった私は、公認会計士で横須賀信金（当時）の非常勤役員だった浜田清三郎さんに誘われるままにゴルフを始めたのである。

当時のゴルフは「雲上人のお遊び」といったイメージが強く、私の周囲でやっている人はほとんどいなかった。おそらく浜田さんは相手欲しさで私を選んだようだが、気が向くと突然電話がかかってきて、すぐに車で迎えに来る。夏の日の長いシーズンは、ウィークデーの午後をかなり過ぎてからでもよくさそいがあった。これには上司もいい顔はしなかったが、始めてみると面白く、私も夢中になったのである。

ニッカボッカのオールドスタイルでゴルフをする

浜田さんに教わったのは技術的なことだけではなく、マナー面だ。車が迎えにくるときは外で待っているのが礼儀ということから始まって、ゴルフウエアの選び方にも一家言があった。またゴルフの最中、鳥のさえずりを聞いて何という名の鳥かも教わり、野鳥の会のようでもあった。

コース内では速く歩け、いや、お前の場合は駆け足だと怒られながら、前の組には絶対打ち込むな、打数を数えられなくなったら、多めに申告しろといったことを叩き込まれた。ゴルフでは当たり前のことだが、そういう基本的なことを最初に教え込まれたことは幸いだったと思う。

それ以来、飽きもしないで何十年も続けているのだから、やはりゴルフが好きなのだろう。今でも月に三回ペースでコースへ出るようにしている。

始めた当時に比べて、クラブやボールは格段に進歩したというのに、体力が落ちてしまって思うように飛ばない。そのせいか、今ではスコアよりも、どんな格好をしていくか考えるのが何よりの楽しみだ。

ペイン・スチュアートを真似たわけではないが、ニッカボッカのオールドスタイルが私のトレードマークだ。なんといっても裾捌きが楽で動きやすい。

マドロスパイプや葉巻をくわえてプレーしたこともある。

それから、とうに七十歳を超えていた私の母が一針一針刺繍してくれたゴルフセーターは、今でも私の大切な宝物となっている。

## これからは若い才能を育てる側に

「育てる」「育てられる」ということにはいろいろな意味があるが、感性の面で大きな影響を受けたのは、やはり團伊玖磨先生だ。私を「音楽通」のように誤解している人が少なからずいるのは、私が團先生と親しかったからかもしれない。

その團先生から「自分の音楽をいちばんよく理解してくれている人だ」と紹介されたのが、神奈川フィルハーモニー管弦楽団の常任指揮者の現田茂夫さんである。それは横浜みなと祭りの観覧席に同席した時で、マーチングバンドが團先生の「新祝典行進曲」を演奏しながら、山下町の大通りを行進しているのを見物していた。

團先生は英国のエリザベス女王の戴冠式で、音楽家が曲をプレゼントするという習慣があることを知り、一九五九(昭和三十四)年、天皇陛下のご成婚を祝う祝典行進曲を作曲したそうだ。新祝典行進曲は、皇太子さまと雅子さまの婚約を受けて作曲し、一九九三(平成

團コンサート後に楽屋で笑顔を見せる現田さんと。右の写真は現田さんをモデルに描かれた川崎春彦画伯の絵

五）年六月九日の結婚パレードで披露されたものだ。

だから現田さんを紹介されたのはおそらく一九九四（平成六）年以降だと思うが、それでもかれこれ十年以上の付き合いになる。

現田さんの夫人がソプラノ歌手の佐藤しのぶさんだと知ったのは、それより後のことだが、今では現田夫妻やピアニストの森島英子さん（東京芸大講師）を交えて、時々食事をするような付き合いだ。

そうした中で、公演前には栄養価の高いものを少量摂るとか、日ごろから欠かさない節制方法など、さすがに一流の芸術家は違うと学ばされることがたくさんある。また、神奈川や横須賀におけるメセナについて、率直な意見を述べて頂くことも少なくない。

現田さんによると、指揮者はたいへんな重労働で、一ステージ終えると全身汗だく。しかも背中に聴衆の視線を一身に受けるために、仕立ての良いスーツが欠かせないという。その現田さんが、スーツの縫製のほとんどを任せているというテーラーを紹介してくれた。銀座の松坂屋の裏手の古びたビルの五階にある「スコット」という店だ。四人乗りの小型エレベーターの手動ドアを開けると、老夫婦だけで切り盛りしている小さな店がある。テーラー一筋の主人は私よりも一歳年長で、この道一筋の職人然とした人物である。

まず團先生のオリジナルデザインである四つボタンのスーツをオーダーしてみたが、裾丈など、細かいところにもこだわって採寸し、ようやくできあがった。どんなふうに私の体に馴染むのか、楽しみながら着ているところだ。また、私がゴルフでニッカボッカを愛用していることを知ると、サービスだと言って白のニッカボッカを仕立ててくれた。最近は主にこれを着用してコースに出ている。

現田さんは二〇〇〇（平成十二）年九月から神奈川フィルの常任指揮者となったが、その力量もあって、神奈川フィルは日本でも一流のオーケストラに成長した。また、石田泰尚さんというソリストでコンサートマスターを得たことで、さらに飛躍が期待できると思う。彼はゆくゆくは日本を代表するバイオリニストになるはずだ。

私もこれからはこうした若い才能を育てる側に回り、湘南メセナをさらに推進していきたい。

# 危機一髪の子育て反省記

團伊玖磨先生の紹介で神奈川フィルの常任指揮者の現田茂夫さん、声楽家の佐藤しのぶさん夫妻とも親しくなった。

佐藤しのぶさんは日本屈指の実力派として知られるソプラノ歌手だが、母親になってから歌声に格段に深みが増して、歌い手としても実にいい顔を見せるようになったと思う。特に毎年五月の母の日に催されている「母の日コンサート」は、母親ならではの情感があふれたものとなっている。今年も五月十四日の日曜日にサントリーホールで「わが母の教え給いし歌２００６」が開かれたが、あらためてそうした思いを強くした。

現田夫妻はたいへん子どもを可愛がっていて、子どもが幼い時は、どんなに忙しくても夫婦のどちらかは家にいるようにスケジュールを調整していた。おそらく、二人そろっての海外公演は、ある時期は避けておられたはずである。

それに比べて私の子育ては家内にまかせっきりで、当然のように子どもは私になつかなかった。もうこの年になれば、二人の息子とは対等に話せるが、娘とは難しい。やっと四～五年前から話をするようになったが、いまひとつだと思う。

私はどんなに帰宅時間が遅くてなっても、原則として外泊はしない。子どものころの喘息の発作がトラウマになっているせいだ。ただし、自分ではカギを開けられず、家内と子どもが寝ている二階の部屋に向かって、庭先にあった子どもの玩具のボールを投げつける。それでも起きないと、倉庫にあるタマネギやジャガイモを投げつけた。寝ている方はたまったものではない。ご近所の家の明かりが一斉についてしまった事もあった。

コンサートを終えた佐藤さんと談笑する＝2004年２月、横浜美術館

末っ子の二男がまだ乳飲み子だった日曜日、久々に家にいる機会があった。家内が子どもを連れて酉の市へ出かけていたので、それまで触ったこともない哺乳ビンを消毒してやろうと、大鍋に水を入れ、哺乳ビンをつけて火にかけたまでは良かったが、日ごろの疲れが出て、そのまま眠り込んでしまったらしい。家内が、当時は別々に住んでいた母の住まいに

立ち寄って戻ったとき、ベランダに倒れている人影が見えたという。慌てて戻るとそれは私で、台所の鍋の中には溶けて見る影もなくなった哺乳ビンの残骸が八本分固まっていた。プラスチックが溶けたガスを吸い、苦しさの余り、庭先へはい出して気を失ったようだ。慌てて当時かかりつけの原田先生に連絡すると、先生は足袋のままかけつけて手当てをしてくれた。処置が早く、どうにか事なきを得たが、危ないところだった。

原田先生は長い白髪がトレードマークの元軍医。若いころは白い軍服姿がよく似合う、役者のようにハンサムだった。湘南信金の産業医も引き受けてくれた大事な先輩で、命の恩人でもある先生も今はもういない。

普段は触りもしない哺乳瓶を消毒するとは、われながらよく思いついたものだが、家内は内心、「心の中に後ろめたいところがあったからだ」と思っていたようだ。家内はそんな私の扱い方を母からよく教え込まれていたらしく、子どもたちは無事に成人した。その点は感謝している。

今では休日の主役は孫たちだ。かといって、あまり孫を可愛がることに夢中になりすぎると、男の色気がなくなるような気がするがどうだろう。孫の話ばかりを夢中でするお客様は要注意だと思うようになった今日このごろである。

## 料亭で学んだ接待術

最近の私しか知らない人は驚かれるかもしれないが、若いころはよく働いてよく食べたせいで、一時は体重が九〇キロを超えた。

仕事がらみで接待する席に出る機会は多かったが、体質的に酒が一切飲めない分、食べる量も多くなったのだと思う。ただ、酒が進めば進むほど、勢いづく客を目の前にして自分だけ素面だと、酒席の相手が辛くなることもある。そういうときはたいてい女性が助けてくれた。

その筆頭は、磯子の海辺にあった料亭「なかじま」。女将さんと美人の二人の若い女性そろって気が利いていた。一人は自分のギターで弾き語り、もう一人は酒豪で、お酒で席を仕切ってくれたのだ。横浜の関内にあった「般若亭」もそのひとつで、横須賀信金と鎌倉信金の合併話では、大事な大詰めの舞台になった場所だ。私より一歳年下で、大分出身の美人女将が仕切っていた小料理屋で、難しい取引先や接待客をうまくあしらってくれたものだ。

特に合併話のように秘密裏に事を運ばなければならない場合は、わがままが言える店や、機転の利く女将を知っていることもひとつの武器になったと思う。

年末には「平やま」に親しいお客さまを招き店主の平山幸男さん（左）とともに厨房に入り腕を振るう

残念ながらこの女将は数年前に引退し、板長だった平山幸男さんが店を引き継いで、現在は「平やま」という店になっている。この板長もなかなかの腕利きで、九〇年代後半、團和子さんの弟子で、今はフードコーディネーターとして活躍している結城摂子さんの伝手《つて》で、当時の人気番組だった「料理の鉄人」に出演させたこともある。

そのほかで印象に残っているのが、横浜駅の西口にある「あいちや」と関内の「みどり」だ。石畳の入り口や古風なたたずまいが、いずれも料亭らしい風格を漂わせている。全館が個室で、あらゆる人数の会合に使えて重宝した。特に、「東京を離れてゆっくり羽を伸ばしたい」人たちからは「東京の奥座敷」といわれ、接待される側には特に人気が高かった店でもある。

きっちり和服を着こなし、教育もたいへん行き届いていて、何人かの女性に言葉では表現できないほどお世話になった。仕事上のパートナーといってもよいと思う。

いずれの人も、もてなす極意というか、気持ちをそらさない術に長けていて、客あしらいが非常に上手い。しかもなかなかの美人ぞろいだった。

私が中座したり、事情があって先に帰ることになったりしても、「後はやっておくから」という気配りをしてくれた。どんな客でも座敷をきっちり仕切ってくれるので、いつでも安心して任せることができた。私自身、どこで料理を運ばせるか、いつ芸者を入れるか、切り上げる潮時をどう切り出すか、そういう接待の機微を彼女たちから学んだと思っている。

接待全盛時代は熱海や湯河原、伊東あたりまで足を伸ばしたが、その土地ごとに私を助けてくれる心優しい女性がいた。彼女たちの助けがあってこそ、商売や取引がうまく運んだ例は数えきれないし、彼女たちを介して培った人脈もまた、私のかけがえのない宝物となっている。

## 減量のために二度入院

最高体重が九〇キロといっても、青年時代は痩せていた。ところが若いころは満腹感こそが幸福感だという内的要因、接待という外的要因が重なったため、二十代後半から年五キロペースで体重が増え続けた。しかも、二次会、三次会まで引きずる接待が連日続けば、さすがに身体はダメージを受ける。

また、あまり若く見られると損をすることが多いので、太っていれば、年齢以上に見られて、都合が良いだろうと考えていた面もある。

ところが四十代半ばごろ、自覚症状こそなかったが、健康診断時に「レントゲンが写らない」と指摘された。格好の悪い話だが、太りすぎで皮下脂肪が多いせいだというのだ。検査数値は糖尿病の一歩手前。しかも脂肪肝の疑いもあり、放置すれば肝硬変になる。血栓ができやすく心臓にも悪い。このままでは三年ももたないと脅かされた。

毎朝のウォーキングを続けて12年が過ぎ、スマートになったころ（右）。コース途中で顔なじみとなった商店主と挨拶を交わす

最初は聞き流したが、「口で言ってわからないやつは獣医のところへ行け」と言われ、それでようやく減量に取り組んだのである。

最初は横須賀共済病院に入院して、一日一六〇〇キロカロリーの食事制限と、運動療法を受けた。すると二週間で九〇キロから約十キロの減量に成功したのである。

しかし、退院すれば生活は元通り。大幅なリバウンドはなかったが、依然として体重オーバーの状態がしばらく続いた。

考え方が変わったのは一九八四（昭和五十九）年三月に横須賀信金（当時）の理事長に就任してからだ。経営責任をわが身に背負ってみると、健康を理由に中途で投げ出すようなことがあってはいけないと思うようになったのである。

それに若いうちは太っていても、押し出しがよくていいかもしれないが、五十代になっての肥満は、年齢以上に老けて見える。

そこで、二度目は東京の代々木にある東海大学医学部付属東京病院に入院した。横須賀高校の後輩で、東京オリンピックの柔道重量級の金メダリストでもある猪熊功君に紹介されたものだ。

というのも、一度目のように地元の横須賀に入院すると、見舞いに来てくれる人や、病状をあれこれいう人が後を絶たない。あくまで減量のための入院で、病気ではないため、来客に煩わされないほうがいいと思ったからである。

この入院でさらに十キロ近く落とし、以後は食事と運動（明治神宮外苑を一周すると一時間）を心がけて、さらに減らした。以来、三カ月に一度の検診を欠かさず、ずっと六三～六四キロで安定している。現在はこのベスト体重を維持するために、毎日数十分のウォーキングも欠かさず続けている。毎日の食事では、塩分と動物性タンパク質を控えるようにいわれているが、基本的には青魚が好きなので苦にならない。

平日に家で食事を取るのは朝だけだが、ワカメの味噌汁、小ぶりのメザシ。それがアジの干物なら半分。ご飯が一膳。外食なら、人肌の酢飯をふんわり握った鮨で、ネタはコハダ、アジ、イワシ、マグロの赤身。仕上げに干ぴょう巻きがちょうどいいところだ。ただし、こういう食生活においてもまた、女性の協力が不可欠なのである。

## 定例会見は自作料理の昼食会で

業界で習慣化していた接待の功罪を考えると、健康を害すほど太ったことは「害」だが、見よう見まねながら、様々な料理を覚えたことは「功」だと思う。接待の席に着けない下足番のころから、板場で調理を見ていたのだから筋金入りだ。

私の生家の服部時計店では、朝食をあつらえるのは父とお手伝いさん。その時間には母は寝ていて、かつお節を削り、糠漬けを取り出すのは私の役目だった。横須賀高校の野球部の補欠時代には、小麦粉を炒めたルーで、本格的なカレーも作ったからそもそも男が厨房に立つことには何の抵抗もない。

それに覚えたことはやってみたくなるもので、時々自分でも料理を作るようになった。ただし、作った料理は誰かに食べてもらわなければ面白くない。そこで、横須賀記者クラブの定例会見を兼ねて、昼食会を開くことにしたのである。

記者クラブの幹事社に日程を調整してもらい、十二時開会、十三時十五分解散を厳守。会費はひとりあたり千円。横須賀信金（当時）の理事長就任直後から、ほぼ二カ月に一回のペースで開いてきたので、もう二十二年も続けてきたことになる。だいたい二十人近く集まるので、材料の準備は一週間ほど前から始め、湘南信金の女性職員が二人手伝ってくれる。それでも当日は朝から、メニューによっては数日前から仕込みにかからなければならない。

2006年５月16日に開いた記者クラブ昼食会。メニューは「深川丼」「天ぷら」「あさりバター」＝当金庫クッキングスタジオ

旬の材料を使うことと、同じものを食べさせないことがモットーだが、今は何が美味しい時期かと考えるのは楽しいものである。

五月は深川丼にした。これには、「しょうなん産学連携ファンド」で出資している「あさりの王様」を使ってみた。

ちなみに最近作ったメニューは、たとえば昨年の十月は秋の味覚の松茸ごはん。国産の松茸を厚めに切るのがコツで、付け合わせは、サトイモ、ニンジン、レンコン、コンニャクの煮物。これにシジミのミソ汁と漬物、コーヒーをつけた。

年末はきちんと鶏ガラからダシをとったラーメン。これに「あさりの王様」からとったダシをブレンドするのが「服部流」のこだわりである。若い人が多いのでギョーザでボリュームを出し、デザートには杏仁豆腐を用意した。

そして前回、二月の献立はオムライスとポテトサラダ、ワカメと新タマネギのミソ汁。デザートはシュークリームとプリン。白状すると、オムライスのように一人前ずつ仕上げる料理は、初めの数人分の方が出来がいいかもしれない。

横須賀記者クラブに配属されて来るのはだいたい三十歳前後が多いようだが、サバの味噌煮、キンピラゴボウ、オカラ、サトイモの煮っころがしなどをことのほか喜ぶのは意外だった。

記者諸君もせっかく横須賀勤務になったのだから、三浦大根と油揚げを昆布ダシで煮た煮物の美味しさぐらい、しっかり舌で覚えていってほしいものである。

## 「食」が織り成す人間模様

料理はいい気分転換になるし、作りながら食べるのも楽しい。しかも人に食べさせる楽しみを知ると、さらにエスカレートする。

一九九一（平成三）年の湾岸戦争のときは、派兵されていった米軍の、留守を預かる夫人たちを慰めようと当金庫クッキングスタジオで食事会を企画した。

階級でいうと、中将から大佐までの夫人たち二十人余りを招待して、目の前で天ぷらを揚げ、熱々の揚げたてを食べてもらったのである。この食事会は大変好評であった。

このとき、材料の準備を手伝わせた信金の女性職員たちが、あまりにも魚の名前を知らないのに愕然とした。たとえ名前がわかったとしても、刺し身にすればいいのか、煮たり焼いたりすればいいのかがわからない。

これではいけないと思ったのが「湘南しんきんクッキングスタジオ」を開設したきっか

けだ。最初は東京ガスのキッチンスタジオを借りていたが、近くに空き物件が出たので、その後はそれを改装して使っている。

開設当初は團伊玖磨夫人で、中華料理研究家でもあった和子さんに講師をお願いし、「團和子クッキング教室」としてスタートした。和子夫人は教え方がとても上手で、ケーブルテレビCATYの自主制作番組「マダムDANのトーク&クッキング」にも出演していただいたことがある。

和子夫人が亡くなってからは、私が講師を務めることも多いが、味付けの基本は「足していく」こと。計量スプーンなどは使わず、まず目分量を加えて味見をし、足りないと思ったら少しずつ足していく。味の引き算は絶対にできない。

「湘南しんきんクッキングスタジオ」は、レシピを覚えて料理を作れるようになるための「料理教室」とは違う。人と会話をするとき今は何が美味しいか、そういうさりげない

湾岸戦争時、留守を預かる米海軍高官夫人を招き、揚げたての天ぷらを給仕する

話の糸口になるようなことを知る場になればいい。「食」は誰にでも通じる話題で、人間関係をつくる基本にもなる。

私が家族のために作った料理といえば、まず娘の弁当だろうか。中高生のころ、張り切ってデザート付きの弁当を何度も持たせたが、「隣の子と比べて大げさで…」とまるで有難迷惑のようなことを言っていた。

残りご飯で作るチャーハンに高いカニ缶をたっぷり使うのは、家庭料理としては失格かもしれないが、材料にはそれなりにこだわりたい気持ちがある。そのあたりが、主婦が毎日の家事の一環として作る料理との違いなのだろう。

私の母は戦前横須賀にあったミルクホールに行き、ホットミルクとバタートーストを注文するのが好きだった。食べ物の好き嫌いも多いほうで、晩年になっても揚げ物が大好物だった。そういう食生活でも九十歳という長寿を得たのは、トンカツやコロッケが食べたければ自分で作るという自由さを貫いたからかもしれない。食事は人を作り、その人を語るものだとあらためて思う。

## 園遊会は〝特等席〟で

明治生まれの女性にしては「自由人」という言い方があてはまる私の母が、いちばん喜んでくれたのは、一九九五（平成七）年に黄綬褒章を頂いたときだったと思う。その前年、政府関係者の推薦で、秋の園遊会に出席したときもとても喜んでくれた。

一九九四（平成六）年十月十九日の午後、元赤坂の赤坂御苑に招かれたのは約千八百人。皇族の方々が全員と歓談できるはずもなく、メーンになる人は事前に決まっている。

この時は日本初の女性宇宙飛行士、向井千秋さんや俳優の西村晃さんなどが招かれていた。

私はモーニングコートにグレーのネクタイ、家内は薄い空色の白襟紋付きで出席した。この大人数の中ではどこに誰がいるのかわからないが、幸い向井さんのすぐ後ろに場所を占めることができた。

午後二時すぎに会場にお着きになった天皇、皇后両陛下は笑顔で歓談されながら、予定通りの道筋を進まれた。案の定、向井さんの前でも足を止めて言葉を交わされ、そのシーンをテレビカメラがいっせいに放映し、各社のカメラマンもそろってシャッターを切った。私の晴れ姿も同時に映されて、テレビで見ることができたようだ。また向井さんのすぐ後ろということもあって、特に女性週刊誌を中心に何枚もカラー写真が掲載されたため、とてもいい記念になった。

1994（平成６）年秋の園遊会で。向井千秋さん（右）、西村晃さん（同２人目）、その後方に筆者

黄綬褒章は「業務に精励し衆民の模範たるべき者」に授与されるもので、業界団体などからの推薦を受けて監督官庁が受章者を決定する仕組みになっている。

信用金庫は大蔵省（当時）財務局の管轄で、年齢などを考慮して申請する。褒章の場合は、原則として五十五歳以上という年齢制限が設けられているらしいが、金融業界、中でも信用金庫業界は長老が多いため、受章年齢が高くなっていた。私は六十二歳になったばかりでの受章だったので、かなり早かったことになる。

黄綬褒章の通知は十月十七日付で届き、受章は文化の日の十一月三日付である。そして実際の褒章伝達式は十一月十六日、大蔵省の講堂で行われた。その後、省内の国際会議室で記念撮影を行い、バス三台に分乗して皇居の春秋の間に移動した。

私は、緊張していたというよりも、何となく人ごとのように受け止めていた。しかし、午後二時に天皇陛下がお出ましになると、厳かな雰囲気だった皇居内にさらに荘厳な空気が張り詰め、気持ちが引き締まる思いがした。

拝謁が終わると「春秋の間」の入り口でもう一度記念撮影が行われた。

理事長に就任して十一年半、三度の合併、地域メセナへの貢献などが評価されたことは嬉しかった。私個人だけでなく、湘南信金の顧客にも安心感を与えられる受章だったと思う。

## 的射たお言葉に感激

黄綬褒章を頂いた私を祝ってくれる会が、一九九六（平成八）年一月二十五日、磯子の横浜プリンスホテルで開かれた。團伊玖磨先生、沢田秀男横須賀市長（当時）、石渡三郎氏が代表発起人となり、川崎春彦氏（日本画家・横綱審議委員）なども発起人に名を連ねてくださった。

しかし、私はみんなが祝ってくれる気持ちは大事にしたいが、華美になってはいけないと考えていた。そんな私の意を汲んだ團先生の発案で、「祝う会」としては型破りな「コンサートパーティー」が実現した。当日は團先生自ら神奈川フィルハーモニー管弦楽団を指揮してくれたのだ。

この日は母ら家族も出席して、花束を贈られた。母は花束には感激していたけれど、私にはよく「褒章をもらえたね」のひとことだけ。その冷めた口調がかえって母の喜びを表

祝う会でタクトを振る團伊玖磨先生から祝福を受ける。下はこの時に受けた褒章

していたような気がする。
　ところで私が黄綬褒章を頂いたのは村山改造内閣の時代で、内閣総理大臣は村山富市氏、大蔵大臣が武村正義氏。つまり自社さ連立政権時代の（二度とないと思われる）貴重な褒章だ。「祝う会」が開かれたときは、すでに第一次橋本内閣が誕生していたと思う。

　園遊会や黄綬褒章伝達式で天皇陛下にお目にかかったとはいえ、私は「その他大勢」の中のひとりに過ぎなかった。その意味で印象に残っているのは、二〇〇〇（平成十二）年六月十一日。八日から葉山御用邸に滞在されていた天皇皇后両陛下が、東京への帰途、よこすか芸術劇場で、オペラ「夕鶴」

を観賞されたときのことだ。

このオペラは翌年三月まで続く「ＤＡＮ　ＹＥＡＲ　２０００」のオープニングを飾るもので、終演後、隣接する横須賀プリンスホテル（当時）でオープニング祝賀パーティーが予定されていた。そこに両陛下が臨席されることが決まったのは二日ほど前のことだった。急なことだったため、案内する岡崎洋神奈川県知事（当時）、沢田秀男横須賀市長も緊張しきり。そんな中で両陛下は、出演者らに気さくに声をかけられていた。

列の前面に立っていた私が「湘南信用金庫の服部でございます」と申し上げたところ、天皇陛下から「地域の中小企業のために頑張ってください」とのお言葉をいただいた。短いお言葉だが、これほど的を射た言葉はないと感激した。

考えてみれば私は天皇陛下と同い年である。誕生日は私の方が二カ月余り早いが、ずっと同じ時代を生きてきた人の言葉としても、並々ならぬ重みを感じた。

天皇陛下は團先生を、親しみを込めて「團」と呼ばれていた。もしかしたら両陛下は、この年の四月に亡くなられた團夫人の和子さんのお悔やみの意を込めて立ち寄られたのかもしれない。十分程度の臨席予定が一時間を超えてしまい、警備関係者は大いに気をもんだそうである。

## 頼りになる〝港の男〟

永年仕事に携わっていると、それなりにいろんな失敗をしてきただろうと言われる。下戸ゆえに、酒の上での失敗はないが、融資に関する失敗だってあるし、色恋がらみの失敗も少なからずある。ただし、どちらも相手のあることなので、ここで文字にするわけにはいかない。それに「しまった、失敗した」と思っても、見方を変えると結果はまったくのマイナスともいえず、それが成功へのターニングポイントになることもあるのだ。

理事長になってから取り組んだ三度の合併も、ある時点での営業上の数字や、不良債権処理にかかった時間を考えれば「失敗」と評価されるかもしれない。しかし、合併によって「湘南信用金庫」が誕生し、横須賀や鎌倉を超越した、「湘南」のブランドが生まれたこと、預金高一兆円の信金に成長したことは何事にも代え難い「成功」だと自負している。

それに、その時期に合併に踏み切らなければ、破綻する金融機関が出ていたかもしれないのだ。なんといっても金融自由化対応の第一号の合併という事は特筆されてもよいと思う。

女性については、何をもって「失敗」とするか悩むところだが、今となってはいわゆる「個人情報保護」に関わることとして封印しておくとしよう。

叙勲を皆さまに感謝する会控室で。左端が筆者、同３人目が藤木幸夫氏、右から３人目が飯泉牧太郎氏。右端は横綱朝青龍関＝2005年１月30日、ホテルグランパシフィックメリディアン

というわけで、これは「失敗談」ではないが、接待がらみで熱海や湯河原、伊東などに足を伸ばしたときに世話になった仲居さんや芸者さんたちから、横浜に遊びに行きたいとせがまれることがある。

遊びに来るのはかまわないが、私も仕事があるため、一日中は付き合えない。そんなとき、私に代わって彼女たちの面倒をみてくれたのが東横商船の飯泉牧太郎社長だ。彼女たちを横浜の見どころに案内し、中華街などで食事をさせ、私の身体が空くまで相手をしてくれるのだ。

初めて出会ったのは私がまだ二十代のころだか

ら、もう四十年以上の付き合いになる。当初は横浜市内で最初の支店となった磯子支店建設の責任者と客という関係だった。

飯泉氏は横浜高校出身だが、どういうわけか、港湾関係の仕事に首を突っ込んでいた。といってもあの業界に新規参入するのは、日本中、どこの港に行っても難しい。そこで今風に言えばM&Aで、既存の会社を買収することにした。最初の融資依頼は、買収したいと考えていた会社の株主になるための資金だった。

首尾よく、買収には成功したが、その当時は港湾作業員たちを集めて陣頭指揮を執るような仕事だ。しかもきわめて閉鎖的な業界に、独力で切り込んで行った勇気には感心している。私同様、彼の男気に魅力を感じていた人たちも多いと思う。その後は横浜港の叩き上げとして知られ、港湾業界の実力者、藤木幸夫氏とも親しくしている。私と藤木氏との仲を取り持ってくれたのも飯泉氏だ。

モアーズシティが京急線の横須賀中央駅西口に出店する際にも、彼らの力添えを得て、岡田屋先代社長に力を貸し、横須賀に新風を吹き込むことができた。良い意味での競争がある街をつくることができたのだ。

## 商議所会頭選に挙手

モアーズシティが横須賀中央駅西口に出店することについては、前戦ともいうべき出来事があった。

舞台となったのは、横須賀商工会議所である。

一九九四（平成六）年、横須賀商工会議所の岡本良平会頭（さいか屋社長・当時）から、「商業秩序宣言」を立案するよう頼まれた。

その内容は、端的に言うと「今後、横須賀にはさいか屋の売り場面積よりも広い大型店の出店は認められない」というものだ。

私は真っ向からそれに反対した。フェアな競争のないところに活性化はないと考えていたからだ。また、会議所で購入する食べ物から配布物まで、すべてを一企業から用意するのが習わしも打破したかったのである。

横須賀記者クラブで出馬表明する（後列右から２人目）。同３人目は当初の会頭候補・石渡三郎氏、同右端は高地光雄氏

「宣言」の背景には大店法（大規模小売店舗における小売業の事業活動の調整に関する法律）の改正があったと考えられる。一九七四（昭和四十九）年三月に施行された大店法では、五百平方メートルを超える店舗については商工会などの意見を聞く「商業活動調整協議会」（商調協）を設置して、事前に周辺の中小の小売り商と調整することなどを定めていた。このため市街地では大型店は造りにくくなっていた。

ところが日米構造協議などで大店法撤廃要求の外圧が強まったため、一九九二（平成四）年に大店法が改正された。それに伴い、「商調協」という、地元中小企業による強力なストッパーも廃止されたため、従来よりは新規出店が容易になった。これは既存店にとっては脅威といわざるを得ない。

当地の大型店の一つは一九九〇年三月に新館を、十月に南館を増築していたが、「商業秩序宣言」には、新規大型店の出店を阻止したいという思惑が透けて見えた。

一九九四年はちょうど、任期満了に伴う会頭選挙の年に当たっていたが、すでに四期十二年在任した岡本会頭が続投の意志を明らかにしていた。私はそれを阻止するべく、八月三日、横須賀記者クラブで記者会見し、会頭選挙への出馬を表明したのである。

私の出馬表明に先立ち、九十名（当時）の会議所員のうち、六十五名が参加して「横須賀の経済を活性化させる会」を結成した。

会見にはこの会の石渡三郎会長、高地光雄副会長（いずれも当時・二人とも会議所特別顧問）らが同席し、「批判を許さないこの町の体質を根底から払拭し、町の誇りを取り戻したい」という私の出馬への全面的なバックアップを表明してくれたのである。

このまま進めば横須賀商工会議所設立以来、初の選挙が実施される事態となった。しかし、実際に選挙にもつれ込めば、市経済界を思わぬ混乱に巻き込むことが予想された。表立った対立を回避するためにも双方が納得できる候補者を立てることが得策という意見が出されて、両陣営ともにそれに合意した。

それで岡本会頭と私はあらためて記者会見を開き、二人とも出馬しないことを宣言したのである。

## 「失敗」から得たもの

一九九四（平成六）年、任期満了に伴う横須賀商工会議所の会頭選挙は、五期目をめざす岡本良平氏と、それを阻もうとする私の二人が出馬を表明し、結成以来初めてとなる選挙に向かって動きだした。

この緊迫した事態を回避するために、両陣営が納得できる一本化候補を探した。難航の末に森本剛次氏に行き着いたのだが、ようやく決まった森本氏が急逝してしまったのである。

森本氏は、私にとっては横須賀高校の先輩。横須賀出身で新自由クラブを立ち上げた田川誠一衆議院議員の秘書を務め、その後は久里浜中央自動車学校の社長。しかも当時は三浦藤沢信用金庫の非常勤理事の肩書を持っていた。

森本氏は最初は渋っていたが、岡本会頭と私が一緒に足を運んで依頼した意を汲み、横須賀市経済界の混乱を回避するために会頭を引き受けることを了承してくれたのである。しかし、商工会議所で行われた会議の挨拶の最中に昏倒して病院に搬送され、そのまま亡くなってしまった。死因は持病の糖尿病と、心身の緊張が引き金になった心筋梗塞と判断されたが、あまりに突然で、しかも会頭選挙の騒動の最中。警察も緊張し、事件性の有無について関係者に事情聴取が行われたほどだ。

一本化した会頭候補を引き受けた森本氏（中央）をはさみ、不出馬を宣言した筆者（右）と岡本氏＝横須賀記者クラブ

難航をきわめた候補者選びに、二の矢、三の矢があるはずもなく、会議所会員の中に厭戦気分が漂った。それでも岡本氏と私は不出馬という約束を守りつつ、両陣営が新たな候補者を立てて、会頭選挙は実施されたのである。

これは文字通り、横須賀をまっぷたつに割る選挙となった。会議所の選挙は政治家を選ぶ選挙と違い（会員は入会が無制限で、会費を払えばよい）、いわばお金で票を集める選挙なのである。

選挙では、現会頭の小沢一彦氏（日本水産観光社長）が僅差で勝ち、私たちが立てた候補者は敗れたのである。

この一件が横須賀の不幸を招いたとするなら、その責任の一端は私にある。横須賀を良くしようと思って選挙に手を挙げた結果だが、大勢の人を巻き込み、結果的に横須賀の世論を二分してしまった。これこそが私の最大の「失敗」といえるかもしれない。

しかし失敗を失敗と認めたくないのは私の性だ。この選挙をやったおかげで、誰がどんな考えなのかがはっきりしたし、心の中もわかった。その後の横須賀のあり方にも、良い意味での影響を及ぼしたと思う。

会頭選挙のきっかけとなった、大型店の出店を規制する「商業秩序宣言」は立ち消えになり、一九九七（平成九）年には、モアーズシティがオープンした。

当時、私を支持してくれた人たちには申し訳ないという気持ちでいっぱいだ。商工会議所という旧態依然とした組織に対して、正直に戦いすぎたのだと思う。また、選挙の過程を通じて、私の本心を正確に伝えることができなかったことは残念でならない。

## 「あだ名」で己を知るべし

人にはいろいろなあだ名があるが、由来を聞くと他愛のないものが多い。

たとえば、私は学生時代、「ニキ」と呼ばれた。仲間内のリーダー格だったので、「アニキ」の「ニキ」ということになっているが、実は顔面が青春の象徴であるニキビだらけだったからだ。

時には「スリ」という者もいた。「いつも人込みの中にいる」というオチだが、知らない人が聞いたらどう思うことだろう。

野田武夫元衆議院議員の家に出入りしていた青年時代、野田先生は、時と場合によっては先生相手にさえ我を押し通す私を「政治家」と呼んだ。頑固な私をからかってのことだが、若い私は現役代議士に「政治家」と言われて、悪い気はしなかった。

今だって顔をつき合わせた時こそ、「理事長」か「服部」と呼ばれる。しかし私がその

1998年９月24日に開かれた第１回特別顧問会。前列中央の座長・團先生をはさんで向かって左が副座長・阿部先生、右が筆者

場にいなければ、「堀ノ内がうるさい」とか「三春町のオヤジ」と言われているはずだ。

おそらく湘南信金の内外を問わず、私の耳に入っていないあだ名は相当数あることだろう。しかし、こうしたあだ名は、時に自分の知らない自分というものを教えてくれるものだ。

その意味でも組織のトップは、時には自分のあだ名を聞いて、自分を客観的に振り返ってみることが必要だろう。

私は五十歳のときに理事長になり、それからは合併にしろ、業務改革にしろ、地域メセナにしろ、自分なりのリーダーシップを発揮してやってきた。それは時に強引とも、剛腕ともいわれたと承知している。

しかし、組織のトップは実績を上げれば上げるほど、孤独になる。自分に伝えられる情報が事前選別されているのではという疑心暗鬼にとらわれる。そしてトップの周辺には、トップの暴走や迷走を止められる人物が居なくなる。

そうした危惧を抱き始めていた私は、理事長に就任して十五年目の一九九八（平成十）年七月に、特別顧問会を設置した。私の独走の歯止めとなる私的な顧問組織である。初代の座長は公私共に親しくしていた團伊玖磨先生にお願いした。副座長は横須賀基督教社会館館長の阿部志郎先生である。

そのほか、前茅ケ崎商工会議所会頭でカギサン社長の伊藤留治氏、東京オリンピック柔道重量級金メダリストで東海建設社長の猪熊功氏、沖電気工業理事の大西秀男氏、元熊本国税局長で税理士の小林繁氏、国際的に活躍しているイラストレーターの鈴木英人氏、元NHK解説主幹で経済評論家の廣瀬嘉夫氏、前鎌倉市観光協会会長で井上蒲鉾店社長の牧田高明氏、前日本弁護士連合会副会長で弁護士の山下光氏、元神奈川県警警視長でリスコム副会長の和田三郎氏（肩書はいずれも当時）らが加わってくださった。

合わせて十一名が、時に厳しく、時に温かく、私を導いてくれたことに大いに感謝している。先日開催された会議では、全員から中身の濃い発言があり、社外役員のような存在になってきた。まさに私の意図した通りの姿である。

## 指摘鋭い「ご意見番」たち

一九九八（平成十）年七月に発足した特別顧問会は、年に三回ほど会合を開いている。私が報告する営業状況を踏まえ、行き過ぎたところ是正し、不足しているところを補ってもらう外部監査と、多角的な経営分析を行うシンクタンクの役目を兼ねたものだ。

初代座長だった團伊玖磨先生が亡くなった後は、副座長だった阿部志郎先生に座長をお願いした。その阿部先生が神奈川県立保健福祉大学の初代学長になったのを機に、横須賀高校の同窓である山下光弁護士を三代目座長に、NHK解説主幹だった廣瀬嘉夫氏に副座長を任せて現在に至っている。

また、設立から八年の間に一部のメンバーが入れ替わり、医療法人眞仁会理事長の笹岡拓雄医師、元神奈川県出納長の武川秀氏、元横須賀市助役の鳴海慶介氏らが新たに加わった。しかし、設立以来のメンバーと合わせて十一名という規模は維持している。

筆者からの説明を聞く特別顧問会のメンバー（左側）＝2005年11月17日

各界で活躍してきた人たちだけに、さすがに目の付けどころは的を射ている。

たとえば不良債権処理を優先したため、給与水準が低くなっているのではないかという指摘があった。

確かに私自身は給与の50％カットを五年続けているし、役員報酬も据え置きのままだ。しかし、赤字を計上してでも不良債権処理が先だという意見も当然あるわけで、簡単に結論が出るわけではない。

しかし、特別顧問会は、会員それぞれの経験と見識に基づいたさまざまな考え方を出し合い、議論を深めることに意義がある。幸い、不良債権処理という難問については、時間はかかったものの、ほぼめどが立ったといえる状況だ。来年度にはいろいろな意味で処遇が改善できると思う。

職員の勤務態度についても忌憚のない意見を聞いて

いるが、明るい、礼儀正しい、勧誘姿勢に節度があるなど概ね好印象で、その点は素直に嬉しい。

最近のテーマで印象深いのは、横須賀の商店街の「シャッター通り」化を防ぐために、信用金庫にできることは何かということだ。

横須賀市街地は、午後六時を過ぎると閉まっている店の方が多くなる。日が暮れると、開いているのはコンビニとファストフードチェーンだけで、これが恒久化すると、歯が抜けるように空き店舗が増えてしまうだろう。

商店街の経営者の高齢化が進んでいることは確かだが、せめて午後九時ぐらいまでは、店を開けておくべきだ。周辺住民も高齢化しているため、昔のようにご用聞きや出前をすれば、需要は掘り起こせる。地域金融機関として避けては通れない問題で、今後も知恵を絞っていきたい。

また、「服部は働きすぎだ」という指摘もある。これは次の時代を考えて、後継者問題に明確な道筋を示せということだ。私自身もその時期は、目前に迫っていると考えている。

## 美川憲一のプロ意識

仕事を通じて培われた人脈は非常に大事であり、普通は次から次へと、枝葉のように広がっていく。しかし、私的な付き合いの中にも、思いがけず長く続き、得ることが多い人間関係が存在する。

もう、二十年ほど前になるが、私が親しくしていた女性の知り合いに、韓国人男性のデザイナーがいた。日本と韓国をほぼ半年ごとに往復しながら仕事をしていた。知人の女性に紹介された私も、シャツや背広のデザインや仕立てを何度か頼んだことがある。

彼は舞台衣装やステージ衣装も手がけていたが、歌手の美川憲一さんのステージ衣装のデザインを担当していたことが縁で、美川さんとも知り合うことができた。

美川さんは、最近は独特のキャラクターでバラエティー番組などに出演し、紅白歌合戦の衣装対決などが話題になっているが、当時は独特のハスキーボイスで歌う「柳ケ瀬ブル

ディナーショーの後、楽屋で美川さんと記念写真に収まる

ース」「おんなの朝」「さそり座の女」などのヒット曲を連発していた。

以来、横浜プリンスホテルで催されるクリスマス・ディナーショーには毎年のように足を運ぶようになったが、そのステージ運びは見事だ。横須賀芸術劇場でワンマンショーを開くよう、仲介をしたこともあるが、いわゆる「プロのサービス精神」というものを、美川さんから教わった。

だいたい、歌手のワンマンショーといえば、お決まりの持ち歌を歌って終わりというパターンが多い。しかし、美川さんは歌の合間を縫って舞台を降りて握手をしたり、プレゼントを受け取ったり、掛け合いみたいなやりとりをサラッと交えながら、会場全体を盛り上げていく。それは、ステージがあまりよく見えないような席にいる人たちに、特に丁寧に声をかけるのが当たり前だからだというのだ。これこそ、サービス精神の原点といえるだろう。

終演後も、楽屋を訪れる関係者の依頼を受けて、気さくに記念撮影などに応じていたが、そのプロ意識にはいつも学ばされた。

また、美しさや、誰かに「見られる」ということへのこだわりは徹底していて、いまだに年齢を感じさせない容姿を保っている。これは芸能人数多しといえども、誰にでもできることではないはずだ。だからこそ、長く売れっ子の座を保っていられるのだろう。

その口調や派手な衣装、外見などから誤解されている面もあるかと思うが、実際に会って話すと「なかなかいいヤツ」だという私の初対面時の印象は、いまだに裏切られることなく続いている。

歯に衣着せない辛辣な発言が多いともいわれるが、聞いていれば、礼儀や義理、人情など、日本人が本来持っているべき心情を大事にしていることがわかる。一本、筋が通っていることは確かで、今どきの芸能界においても貴重な存在だと思う。

誤解を恐れず、人の好き嫌いをはっきりと口にするところは、私と似ているかもしれない。

## 團先生、母、相次ぐ死

人生にはある周期での浮き沈みのようなものがあるが、二〇〇一（平成十三）年は私にとって大事な人たちを失った年だった。

五月に團伊玖磨先生が、七月に母が、九月に猪熊功君が亡くなったのである。

一月は中央省庁の再編があり、大蔵省が財務省になり、四月末には小泉純一郎内閣が発足。九月には米国で同時多発テロが発生するなど、社会的にも激動の年だったと思う。

團先生の訃報は突然だった。團先生は日中文化交流協会代表団の団長として、歌舞伎俳優の中村芝翫《しかん》さんらとともに、五月十日から十九日までの予定で訪中していたが、十七日の未明に気分が悪いと訴えられた。心筋梗塞で倒れた病歴を知る関係者がすぐ救急車を呼んだが、その到着すら間に合わなかったそうだ。

團先生は訪中回数が六十回を超える中国通。最初の訪中は一九六六（昭和四十一）年ご

6000人を超す参列者が見送った母親の葬儀。手前であいさつする筆者＝大明寺

ろで、横須賀の秋谷に家を移されるよりも前のことだ。亡くなる前の十四日には、北京日本人学校を訪れ、かつて作曲した校歌を聴いて、とても喜んでいたという。

実はこの訪中の直後の五月三十一日に、北京中山公園音楽堂で、「日本團伊玖磨作品音楽会」が開かれるはずだった。日中文化交流協会創立四十五周年、中国交響楽団（中央楽団）四十五周年を記念する記念碑的な一大行事である。團先生にとっても永く力を注いできた日中親善の集大成となるべき北京公演で、その際は私も同行する予定だった。

それに先立つ訪中は、公演の打ち合わせをかねたものだったが、それを終えて、蘇州へ移動してすぐの客死。その後は、前年四月に亡くなった和子夫人の生まれ故郷である上海を訪ねる予定だったというから、さぞ心残りだっただろう。

團先生が中国に発たれる前、横須賀の料亭「小松」で、先生の七十七歳のお祝いを催した。私が呼びかけ人代表で、東京などから團先生の「追っかけ」が大勢集まった。すべて男性の「追っかけ」だから、この日の「小松」の大広間は異様な雰囲気だった。しかし、呼びかけに応じた七十七人が一人も欠けることなく出席し、たいへん賑やかながらも上品な雰囲気で催された。

團先生も大いに楽しんでいた。普段なら、機嫌を損ねるような場面もあったのだが、顔色を変えることもなく、最後まで上機嫌だった。

いま振り返ると、死を予期していたのかと思われるところが多々あったが、それは後になって思い出されることである。

私はそれからわずか二カ月後に、今度は母を失うことになった。母は、私が現在の三春町に家を建ててからは母屋と目と鼻の先の離れで、好きなゲートボールや刺繍をしたりしながら、気ままに暮らしていた。

母はゆで卵が大好きで、十個いっぺんに茹でようとし、忘れて寝込んでしまって鍋を焦がした。それでガスをＩＨヒーターに取り換えたことに文句を言うほど元気だったのだが、急に熱を出した母のために医者に往診を頼んだ。

ところが医者が戻った後で、自分でクーラーを止めてしまったらしい。とても暑い日で、様子がおかしいことに気づいたときは体温が上昇し、病院に搬送したものの、集中治療室で二時間後に亡くなった。救急車の中で、火のように熱い手を握りながら、ただ祈るばかりであった。遺言のような最期の言葉も聞けぬまま、逝ってしまったのである。

母らしいといえば母らしい。浪費家ともいえる着物道楽が幸いし、戦後の苦しい時期を乗り越えられたのは母のおかげだ。派手好きだった母のために死亡広告を出し、大明寺で通夜と告別式を営んだ。参列者が六千人を超えたことを母は喜んでくれただろうか。

## 北京で追悼のオペラ

二〇〇一（平成十三）年五月、團伊玖磨先生が心待ちにしていた北京公演は、團先生の急逝によって中止された。

その後、團先生の息子である紀彦さんの依頼で密葬を取り仕切った。中国側の特別の計らいで、棺に納められた遺体は飛行機で早々に帰国し、夜中に自宅に到着した。東宮からもお悔やみの電話をいただいた。私は亡くなった次の日にも先生と〝対面〟したが、お顔を拝見すると、目からは涙が出ていた。さぞ残念だったのであろう。

しかし翌年十一月、日中文化交流協会と中華人民共和国文化部の主催により、北京保利劇場で日中共同オペラ『ちゃんちき』が、佐藤功太郎氏の指揮によって上演されたのである。

日本からは、團先生の後任として日中文化交流協会の会長となった辻井喬氏（堤清二氏）

を団長とする訪中団が結成され、三善清達氏（東京音楽大学名誉教授）、團紀彦氏（遺族代表）、その他の人々とともに、私も顧問（副団長）として参加した。

最後まで遺族に付き添い團先生を見送った筆者（上写真右）。右の写真は「ちゃんちき」訪中公演の一こま。左から筆者、王文化部長、辻井会長

辻井氏は團先生とは四十年来の友人で、「長崎街道」「木曽路」「大和路」「紀州路」の四曲の合唱曲を「街道シリーズ」として作られている。沖縄がテーマの一曲を、自身の作詞が遅れて実現できなかったことを悔やんでいた。

オペラ『ちゃんちき』は狐の親子が主人公で、父子間の愛情と葛藤、生きるための闘い、世代交代などをテーマに、現代社会に通じる諸問題を喜劇風なタッチで描いた異色の作品で、自然の摂理の中で生きていく

生命への賛歌だ。

團先生は、一九七九年に北京で「夕鶴」を初演し、初日の幕が下りた瞬間、「次は『ちゃんちき』を持ってこよう」と決意されたそうだ。その志がようやく実現したというのに、團先生の姿がなかったことは残念でならない。

團先生の中国における活動は国交正常化以前に遡るもので、単なる音楽交流レベルにとどまらず、日中の親睦を深めたという意味で高く評価されている。

公演は十一月十日、十二日の二日にわたって行われたが、いずれも日中国交正常化三十周年にふさわしい盛大なものとなった。また、ソプラノの崔岩光さんはじめ、中国側の出演者が日本語で一所懸命演じてくれたことも、團先生に対する深い追悼の意が感じられた。日中のスタッフが心を一つにして演じたこの公演が成功に終わったことは、團先生に対する最大の供養であり、私自身がその場に居合わせることができた幸いを、今でもとても嬉しく思っている。

四日間の訪中には、この公演以外にも各地で公式行事が組み込まれ、中国外交部、文化部などによる歓迎会が催された。また、日本大使館では阿南惟茂中国大使主催のパーティーが開かれた。いずれも会の冒頭で團先生に対する追悼の意が表され、また生前を懐かしむ話題が交わされて、先生の足跡の大きさを肌で感じることができた。

また、私の友人の川崎春彦画伯の実姉で、故東山魁夷氏のすみ夫人を代表とする別の一団と北京で合流し、東山氏の石版画贈呈と、これに伴う披露展示会にも参加することができた。この展示会は日中国交回復後、田中角栄首相訪中の際に贈呈した東山魁夷氏の作品が、初めて公開されたものである。

日本の外交問題が懸案とされている昨今だが、文化や芸術に国境や紛争は関係ない。それを身をもって示してくれた偉大な先達に、私たちはもっと学ばなければならないだろう。

これは後日談だが、二〇〇六（平成十八）年六月、北京での團先生の追悼オペラで指揮をとられた佐藤功太郎氏が亡くなられ、上野寛永寺で葬儀が催された。

葬儀の場で、神奈川フィルハーモニー管弦楽団常任指揮者の現田茂夫氏にお会いしたが、目があった瞬間、どちらからともなく、自然に涙があふれてきた。惜しい人を失ったという残念さと、團先生のことが思い出されたことと、そんな思いが行き交ったのだと思っている。

# 始球式でストライク

二〇〇一（平成十三）年の日経平均は徐々に下がり続け、景況感が連続で悪化し、リストラが加速した。私にとっては母や團伊玖磨先生を見送った年である。

しかし、暗い出来事ばかりだったわけではない。

四月には皇太子妃雅子さまがご懐妊され、十二月ごろご出産の予定と発表された。正式発表は團先生が急逝する直前の五月十五日だったが、この吉報に接した團先生は、生まれてくるお子さまのための「祝典行進曲」の作曲に意欲を示していた。

團先生は天皇陛下と皇太子殿下の結婚を祝う「祝典行進曲」を作っているが、「親子三代の結婚祝いは無理だから、雅子さまのお子さまのために作りたい」と語っていたのである。

残念ながらその夢は実現されなかったが、十二月一日に愛子さまが誕生し、日本国中が歓喜した。

そして国内外では日本人アスリートの活躍が目立ち始めていた。イチローがシアトルマリナーズに移籍し、七月には佐々木主浩とともにオールスターに出場。ゴルフ界でも丸山茂樹がグレーター・ミルウォーキー・オープンに勝ち、日本人男子として十八年ぶりとなるＰＧＡツアー優勝を果たした。柔道では、田村亮子（当時）が史上初の世界選手権五連覇を成し遂げている。

湘南シーレックス開幕戦で始球式を行う＝2001年4月1日、横須賀スタジアム

ちなみに私が応援している大相撲の白鵬関は、この前年の十月に来日し、三月の春場所に初土俵を踏んだばかりで、まだ十六歳だった。

イチローが最終的にア・リーグの首位打者、盗塁王、新人王などに加えＭＶＰをも獲得する大活躍を見せて、日本の野球ファンを大いにわかせたことは記憶に新しい。

そして、かつて野球少年だった私にとっていい思い出となったのは、この年の四月一に、横浜ベイスターズの二軍、湘南シーレックスの開幕戦で始球式を行ったことである。相手はジャイアンツの二軍。マウンドに立つのは三十数年ぶりだが、事前に練習をしても筋肉痛になるだけだ。本番前に十球ほどキャッチボールをしただけでマウンドに向かった。

キャッチャーのミットめがけて投げ込んだボールがマージャンダコにひっかかり、意図せず「スライダー」となってアウトコース低めのストライクになった。大勢のファンが見守る中、開幕試合直前の心地よい緊張感の中で、貴重な経験をさせてもらった。

湘南シーレックスは湘南地域をフランチャイズとし、一九九七（平成九）年に横須賀スタジアムが完成してからは、平塚球場との二球場を併用している地域密着型のチームだ。練習や教育リーグの試合は、横須賀港に隣接するベイスターズ総合練習場が使われる。

二軍チームの独立採算制を目指して、二軍独自の球団名やユニホーム採用している珍しいチームでもある。「湘南」を冠するチーム名だけにとどまらず、名実ともに地域に密着したプロチームとして、成長していくことを願っている。

# 小泉総理と私

二〇〇一（平成十三）年は、小泉純一郎内閣が誕生した年でもある。四月二十六日に発足した小泉内閣は、高い支持率に支えられたスタートから五年が経ったいま、その成果について賛否両論が巻き起こっている。

人は私を「アンチ小泉」とみるが、それは極端な言い方だ。ご存じのように小泉首相は横須賀高校の出身で、私より八年後輩にあたる。住まいも同じ町内で、選挙のたびに信金を挙げて応援してきた。

しかし、かつて中選挙区の時代に、旧神奈川二区から出馬した原田義昭氏の応援に回った。横須賀は小泉首相と、田川誠一氏（元新自由クラブ・進歩党代表）の大票田だが、田川氏が自民党を離党したため、五人区で自民党議員を二人確保したかったからだ。地元選出の自民党議員が二人いて、一人は国政レベルで活躍し、もう一人が地元のことを考えてくれれば理想的だと考えたのである。

原田氏は福岡県出身。高校時代に東京に移り、東大法学部を卒業。新日鉄、通産省を経て、渡辺美智雄通産大臣の秘書官などを務めていた。一九九〇（平成二）年の衆院選で初当選を果たしたが、日本新党ブームの一九九三（平成五）年の選挙で落選してしまったのである。

田川氏が事実上の後継者として支援した日本新党の永井英慈氏がトップ当選。小泉氏は僅差の次位で、三〜五位に公明党、新生党、社会党の候補が入った。原田氏は次回の選挙から福岡に移り、現在五期目の衆院議員として活躍している。

田川氏の事実上の引退もあり、小泉陣営の当確は疑う余地もない。小選挙区の現在は議員数に敏感にならざるを得ないが、中選挙区ではいかに大差で勝つかが最大の命題とされた。その意味で私は「裏切り者」とされたのである。

横須賀商工会議所の会頭選挙は横須賀を二分し、その後は私と対立した側が小泉陣営の

日本相撲協会創立80周年記念式典で小泉首相と握手する＝2005年12月17日、東京・両国国技館

応援に回ったといわれている。こうした経緯で勝馬に乗るのは当然の戦略だが、その結果、敵の敵は味方、敵の味方は敵という「型」にはめられた。私をアンチ小泉と見せるための上手な仕掛けにはまり、そのイメージが定着してしまったのである。

クラシックを聴き、歌舞伎を鑑賞するなど、趣味の面では小泉総理と私には通じるものがある。しかし、アメリカン・スタンダード一辺倒の政策には批判の余地があるし、義理や人情などの日本的な情をないがしろにする米国的な合理主義がはびこることは看過できない。私はそうした各論について、折々に自説を主張してきただけだ。

二〇〇五（平成十七）年十二月十七日に国技館で催された「日本相撲協会設立八十周年記念式典」では、二人で記念写真を撮った。新宿御苑で開かれた「桜を見る会」では、私を見つけた総理から声をかけられた。内容は歌舞伎のことだった。市川海老蔵襲名披露のときの切符は、弟である正也さんに手配してもらったものである。総理が私に声をかけたことに周囲は驚いたが、私と総理の関係に照らせば、何も驚くことはない。

## 衆院委で持論を展開

衆議院の常任委員会のひとつである「経済産業委員会」は、民間から招いた四人の参考人の意見陳述と、出席議員による質疑応答という形で行われる。私は前後三回、この委員会に参考人として出席し、最初は二〇〇一（平成十三）年十一月六日だった。

参考人の選定は当該委員会の理事の推薦に拠るものらしく、だとしたら、民主党の田中慶秋議員（当時）の推薦ではなかったかと推察している。彼は東海大学柔道部のOBで、神奈川県議を経て衆議院議員となり、当時、経済産業委員会の理事を務めていた。

私はこの日、ペイオフ解禁の延期、時価会計の導入は時期尚早、金融検査の問題点などを主張した。ペイオフは、前年に一年の延期が決まったものの、定期性預金のみの部分解禁（二〇〇二年四月）まであと数カ月に迫っていた時期だ。

当時は貸し渋りや貸しはがしが横行し、都市銀行等の合併によって取引先の中小企業が選別され、資金調達が困難になるケースが増えていた。ペイオフを意識した資金の移動や流出も始まり、私は、せめて景気回復や不良債権の処理にめどがつくまで、最低三年の凍結が必要だと主張した。

また、本来は担保不足の人に、率先して助け舟を出すべき保証協会が、担保を要求するような状況についても問題を提起した。保証協会の保証先の多くが立ち行かなくなっている現状を差し引いても、せっかく導入された「中小企業安定化特別資金」が本来の役割を見失ってしまったのでは、立場の弱い中小企業の経営者は救われない。

衆院経済産業委員会で意見を述べる

こういう状況下で、アメリカン・スタンダード流の金融行政を推し進めると、金融機関は自己資本比率を上げることに注力し、その結果、資産を圧縮する手段として貸し渋りや貸しはがしが増えるという図式だ。

そんな非常時に、有価証券の上下動に大きな影響を受ける時価会計を導入されては困るといったことを話したのである。

質疑応答では、実例を挙げて説明した。たとえば、産業廃棄物のリサイクルを行う企業に湘南信金と中小企業金融公庫が協調融資を行う予定だったが、公庫は直前にそれを撤回し、開業後にあらためて融資を申し出てきたという話。あるいは、湘南信金では住宅金融公庫の廃止に備えて三十五年の長期固定金利の住宅ローン商品をすでに投入していることなどである。したがって、「政府系金融機関の中で、本当に必要なものはわずかしかない」という自説を展開した。

また、担保依存主義からの脱却を指導してきた行政が、昨今は担保不足を指摘するなど、政策の整合性が欠けている点を指摘した上で、湘南信金では「しょうなん産学連携ファンド」などを通じて、人や事業の将来に投資する体制を整えていることなどを紹介したのである。

## 意見陳述と金融検査

一般人が国会に足を踏み入れることは稀だし、まして、国会議員や官僚に向かって発言するという経験はなかなかできない。

その意味では二〇〇一（平成十三）年十一月六日に初めて出席した経済産業委員会では、非常に気持ちよく二時間あまりを過ごすことができた。

閉会後、委員会の理事を務めていた田中慶秋議員が、「耳の痛いことを言いますね」と声をかけてくれた。

それから、旧知の議員や同行者とともに国会の食堂に行き、生卵が載った名物の特製カレーライスを食べている最中に携帯電話が鳴った。それは金融庁の金融検査の知らせだった。

おそらく偶然だとは思っているが、経済産業委員会での答弁を終えた後というタイミングでの通達に、私も、その場に居合わせた人たちも大いに驚いた。もちろん私の方には断る理由も権利もない。早々に準備を始めて、十三日後の十一月十九日から約一カ月にわたった検査を乗り切ることができた。

この検査がもし、委員会での私の発言を受けてのものだったとしたら、ペイオフの延期、時価会計の導入にも現時点では反対という主張に加えて、「世界が相手のメガバンクと、湘南地域という限られたエリアの中で活動している湘南信金のような地域金融機関に対して、同じ金融検査マニュアルを適用するはおかしいので、ダブルスタンダードで臨んでもらいたい」という趣旨を申し添えたことが一因

筆者の意見に耳を傾ける衆院経済産業委員と官僚たち

となったのかもしれない。

二〇〇二（平成十四）年七月二十五日に出席した二度目の経済産業委員会で、前回の出席後に検査を受けた一連の顚末を話すと、会場からざわめきが起こった。

検査マニュアルは経済状況を踏まえて臨機応変に運用されていることは承知している

が、検査を受けた当時は、たとえば、トヨタにも湘南信金の取引先にも同じマニュアルが適用されていた。そうすると、融資の条件変更や決算に赤字があると、私たちが要注意債権レベルと考えていても、要管理債権や破綻懸念債権に査定されてしまうのである。これでは引当金が増えるばかりだ。

この日の委員会では、中小の金融機関の取引先はもちろん人材も不足しており、まだまだ準備不足であるという現状を紹介し、あらためてペイオフ延期を訴えた。

また、金融検査は地域貢献度を加味して、弾力的に取り扱ってもらえるようにお願いした。メガバンクと地銀・信金・信組を一緒にされては困る。人口四十三万人の横須賀市および湘南地域で大きなシェアを持つ湘南信金が、地域密着度の高い金融機関として、また、日米関係に深いかかわりを持っている金融機関として、地域に貢献していることを、正しく評価してもらいたいというのが私の主張だ。

ペイオフはこの年の十月に二年間の延期が正式に決まり、全面解禁は二〇〇五（平成十七）年四月からとなった。私の意見陳述は延期の一助になったものと自負している。

## 松あきら応援団結成

二〇〇四（平成十六）年の三月十二日、衆院の経済産業委員会に参考人として出席した。二〇〇一（平成十三）年十一月、二〇〇二（平成十四）年七月に続き、三回目のことである。

前二回にズバズバ本音を喋りすぎたせいか、発言の機会は多くなかったが、神奈川県内の景況感は、ますます悪化していることを指摘した。特に三浦半島では大手企業の撤退や規模縮小等が相次ぎ、空洞化が深刻な問題になっている。そこで雇用の確保や下請けの連鎖倒産防止のため、神奈川県信用保証協会と業務提携し、保証協会の保証の利用拡大を図るなど、湘南信金が取り組んでいる対応策について説明した。

また、こうした三浦半島を救うために、東京水産大学と東京商船大学の合併で生まれた東京海洋大学を、浦賀ドックの跡地に誘致するという構想も披露した。港区と江東区の土地を売れば、浦賀の土地を買い、立派な校舎を建てても余剰金が出る。品川と越中島に分かれているキャンパスがひとつに統合されて、国庫も潤うのだから、こんな都合のいい話はないはずだ。

浦賀ドックの跡地を緑豊かな公園にして、立派な美術館を建てても、それだけでは地域の活性化にはならない。それよりも若者が増えることで新しい経済環境を生み出し、開国、海軍基地、造船という横須賀の歴史と文化にふさわしい、アカデミックな街を生み出すことで、横須賀や三浦半島を再生すべきである。

「神奈川松の会」で松あきら参議院議員に花束を贈る＝ホテル横浜ガーデン

この誘致問題については「東京海洋大学横須賀誘致委員会」を設置して、関係各方面に向けて地道な誘致活動を継続している。
私が二度目に経済産業委員会に出席した当時、経済産業大臣政務官を務めていた松あきら参議院議員が、昨年（二〇〇五年）の十一月に経済産業副大臣に就任した。
松さんは横浜雙葉学園を高校一年で中退して、宝塚歌劇団へ進んだ。宝塚歌劇団では花組のトップスターとして活躍。一九九五（平成七）年の参院選で初当選し、現在は二期目である。

私が松さんと知り合ったのは、最初の選挙の際に後輩に紹介されたことがきっかけだ。私は公明党支持者ではないが、彼女が美しいから、「神奈川松の会」を結成して応援している。もちろん、美しいというだけではない。通勤電車などで周囲から理解されにくい妊産婦のために、一部で好評を得ている「妊産婦バッジ」を紹介し、その全国版の作成・普及を図るなど、女性らしくわかりやすい施策を打ち出している。

二カ月に一度開かれている朝食勉強会も、中央省庁の幹部などの話が聞けてとても面白い。とはいえ、朝の八時前に東京のホテルへ着くのはなかなか大変で、残念ながら毎回参加というわけにはいかない。

来年は三選を期す参院選の年だ。選挙は見た目も大事というのが私の持論。松さんはどんな色の服を着ても似合うので、思いきった服装で選挙を戦ってほしい。

## 宝塚公演誘致に成功

よこすか芸術劇場では宝塚歌劇の公演も行い、たいへん好評を博している。これも湘南信金のメセナ活動の一環だ。

私が松あきらさんを応援しているものだから、そうした縁故で横須賀公演が実現したと思っている人がいるかもしれないが、実は松さんとは別の宝塚ゆかりの女性のサポートによるものだ。

もう十数年前になるが、私は焼き物に興味を持ち、湘南信金の「ギャラリーくりはま」で備前焼の展示会を毎年のように開催した。それがきっかけで、陶工による実演や即売会のほか、せっかくだから茶会も開こうと企画し、そのために紹介されたのがこの女性だった。

その後、この女性の紹介によって雅楽の演奏会なども開くことができたので、宝塚公演

宝塚宙組横須賀公演で、特別に記念撮影に収まる＝2000年６月、よこすか芸術劇場

を横須賀に誘致できないかと相談したのである。

　よこすか芸術劇場は、オペラハウスとして造られたものだから、宝塚歌劇なら劇場の持つパフォーマンスを十分に発揮できると考えたからだ。立派なリハーサルスタジオも併設されていて、設備面では自信を持って呼べると考えていた。というと格好がいいが、本当のきっかけは「相撲を呼べるなら、宝塚も呼んでほしい」というお客さまの声である。そして私の母も娘も、大の宝塚ファンなのだった。

　しかし、実際に招聘するとなるとなかなか難しい。それがこの女性のツテで阪急電鉄の小林公平会長（当時）を紹介され、それがきっかけで横須賀公演の実現にこぎつけることができたのである。他の人にできないことを実現させるのが私の生きがいの一つである。

　この時、公演誘致の根回しの過程で知ったのだが、宝塚を応援する国会議員の会があるのには驚いた。

　待望の宝塚歌劇雪組横須賀公演は一九九八（平成十）年六月九日と十日の二日間、昼と夜の二回ずつ行われた。演目は宝塚の看板タイトルのひとつである『風と共に去りぬ』で、三浦半島の人々を熱狂させた。

　ようやく実現した宝塚公演だが、相撲にしても、宝塚にしても、一度は呼べても、恒常的に行うことはとても難しい。二度目の横須賀公演は初回から一年おいた二〇〇〇（平成十二）年の六月で、このときは宙組《そら》の『うたかたの恋』が演じられた。

　三度目はさらに一年おいた二〇〇二（平成十四）年六月で、月組の『サラン・愛』。李氏朝鮮時代を舞台にした悲恋物語で、一九九四年が初演。比較的新しいが、ファンの間で再演を望む声が多かった作品だそうだ。このときは三日間公演となり、大いに盛り上がった。

　それからしばらく間が空いてしまったが、今年（二〇〇六年）の十月十一日、四年ぶりに横須賀公演を開催することができた。たった一日限りではあったが、この日を待ちかねた県内の人たちに、心ゆくまで楽しんでもらえたことと思う。

# 皆に支えられた叙勲

一九九五（平成七）年の黄綬褒章に続き、二〇〇四（平成十六）年の秋の叙勲で、旭日小綬章をいただいた。奇しくもこの年は、湘南信金の前身である横須賀信金から数えると、ちょうど創立八十周年に当たる節目の年と重なっている。

旭日章は一八七五（明治八）年に、わが国最初の勲章として制定された歴史があり、国家や公共に対して功労があった者に授与されるものだという。だとしたら、「金融業に功があった」という私の場合は、積極的に信用金庫を合併して、業界革新の先兵として活動してきたこと、地域金融人という立場を貫いてきたことなどが評価されたものだと思う。

十一月九日、まず霞ケ関東京會舘に、銀行、信金、信組、証券会社、公認会計士など、金融関係の受章者十四人が集まり、伊藤達也金融担当大臣（当時）から勲記と勲章を受け取った。

勲章のデザインは日章を中心に旭光を配したもので、鈕（ちゅう）には桐の花葉があし

「叙勲を皆さまに感謝する会」で挨拶をする（2005年1月30日、ホテルグランパシフィックメリディアン）。左はこのとき受けた旭日小綬章

らわれている。

その後、皇居の「春秋の間」に移動し、天皇陛下に拝謁した。そして「明るく元気に過ごされるように願っています」というお言葉をいただいた。

年が明けた一月三十日、東京・台場のホテルグランパシフィックメリディアンで、「叙勲を皆さまに感謝する会」を行った。

出席者は政界、経済界はじめ、信金関係者、湘南信金総代、自衛隊・在日米海軍関係者、日本相撲協会関係者など、二千三百人。横綱朝青龍関と小結白鵬関

（当時）の大きな姿もひときわ目立っていた。

私はこの日、集まってくれた人たちに心からの謝意を述べるとともに、「時間をかければ企業は必ず復活する。だから地域金融機関としてお客さまに育てられてきた湘南信金は、取引先から一件たりとも倒産を出さないという信念で企業の再生に取り組んでいる」ということを報告した。そして景気は決して良くないが、天皇陛下の「元気で明るく」というお言葉を実践していくという決意を語った。

開会は神奈川フィルが演奏するモーツァルトの「ディヴェルティメント」。それから祝宴が進むと、團伊玖磨先生の新祝典行進曲が流れる中で、来賓に挨拶して回った。

私を囲む大勢の人々の輪の中に、私に人との付き合い方の根本を教えてくれた元自治相の野田武夫先生、五十歳の私を信金の理事長に推薦してくれた元横須賀信金非常勤理事で公認会計士だった吉水良穂さん、そして後半生においてもっとも大きな影響を受けた團伊玖磨先生の姿はない。

そして、おそらくこの栄誉をもっとも喜んでくれたであろう母の姿もなかった。それでもこの受章は私個人のものではなく、長年、湘南信金を支えてくれたお客さまと信金の先輩や職員たちに与えられたものとして、非常に誇りに思っている。

## 郵政改革を論じ合う

「叙勲を皆さまに感謝する会」（二〇〇五年一月三十日・ホテルグランパシフィックメリディアン）には、横須賀出身の小泉純一郎首相、神奈川県選出の河野洋平衆議院議長からも祝電が届いた。

当時の小泉内閣の「構造改革の本丸」は「郵政改革」。私は受章に先立つ二〇〇四（平成十六）年十月二十七日、東京・赤坂の日本財団ビルで開催された「郵政改革を考えるシンポジウム」に出席した。故宮本保孝・信金中央金庫前理事長より信用金庫業界を代表して意見を述べてほしいと依頼されたからである。「日本再建のため行革を推進する七〇〇人委員会」と経済同友会の主催で、国民の視点から「今なぜ郵政改革が必要か」を議論しようというシンポジウムだった。

小泉内閣は九月十日に郵政民営化の基本方針について閣議決定を敢行した。九月二十七日には第二次改造内閣が発足し、主要閣僚は留任したものの、竹中平蔵経済財政相が、新設された郵政民営化担当大臣を兼務する布陣となっていた。

このシンポジウムでは、私と、ジャーナリストの櫻井よしこ氏が、郵政改革が地域金融機関に及ぼす影響についてパネリストたちに見解を尋ねた。また、経済学者の榊原英資氏は書面で問題点を質した。私は、「第二の予算」ともいうべき財政投融資の今後はどうするのか、郵政民営化が信金の領域を侵す結果にならないか、名寄せ作業はできているのか、民間金融機関と同じ税務調査が適用されるのか―などについて質問した。

パネリストのうち、塩川正十郎元財務大臣は、財政投融資計画を改革する法律はすでに成立しているが、郵便貯金や年金の受け皿を作るのに、今後十年が必要だという見通しを語った。

日本郵政公社の生田正治総裁は、地方経済の活性化には改革が必要であり、信金と郵便

「郵政改革を考える」シンポジウムで意見を述べる＝2004年10月、日本財団ビル

局は、適度の公正な競争と協業によってお互いに利益を享受できるはずであり、また、この時点では名寄せは不十分であることを認め、民営化までに完全を期すこと、税務面の不備はあるが、日銀や金融庁の関与を踏まえて、リスク管理体制はあと一年で整備できると答えた。

そして、竹中平蔵郵政民営化担当相は、民営化後の肥大化を止める監視組織の重要性を指摘し、経済同友会代表幹事の北城恪太郎氏は、そうした監視組織の早期設置を求めた。

他にも大阪大学大学院教授の本間正明氏、アイワイバンク社長安斎隆氏、七〇〇人委員会からは、郵政民営化研究会委員長の加藤寛氏と代表世話人の水野清氏が登壇して意見を交わした。

しかし、このシンポジウムが、郵政解散・選挙を経た現状にどう反映されたのか、その成果については疑問がある。現在の私の立場からいえば、信金と郵便局が同じ土俵で闘っているとは到底思えない。

## 総力を挙げて取引先再生に取り組む

バブル崩壊後の厳しい環境における舵取りの中で、私がもっとも心を砕いたのは、湘南信金の取引先からは、一件も倒産を出してはならないということだ。

そのため、二〇〇一（平成十三）年に「経営支援プロジェクトチーム」を立ち上げた。優秀な職員を二十名ほど選び、それぞれが担当企業を個別に訪問して経営状態をチェックする。そしてどこをどう改めるか、どの事業を継続し、どの事業から撤退するかなどを細かくサポートするための組織である。

三十代から四十代の働き盛りの支店長、大規模支店の次長クラスを、最前線の現場から引き揚げるのは、正直なところ痛手だ。しかし信用金庫は、限られた地域を対象とした中小零細企業専門の金融機関であり、その意味では、ここが一番の踏ん張りどころだという覚悟あった。

二〇〇三（平成十五）年にはこのプロジェクトチームを「企業再生本部」に拡大するとともに、「中小企業融資相談センター」「ローンセンター」などの対応部署を設けて、できる限りのことをやってきたつもりだ。

しかし、内服薬だけでは効かない病気には、外部からメスを入れる外科的な治療が必要になる。

たとえば、A社は水産物の加工を手がけていたが、日本人の食生活が変わり、魚といえば切り身しか知らず、骨のある魚は売れないという時代の中で、単純な水産物加工だけでは生き残れなくなっていた。そこで、湘南信金から社長と職員二人を派遣し、社名も一新した。ここが破綻すると二百五十名の従業員に加え、二百社以上の取引先に多大な影響が及ぶことは避けられない。そこで総力を挙げて企業再生に踏み切ったのである。

幸い、技術力の高さが評価されて、セブン&アイグループ向けの食品加工の需要が高まった。そこで新たなスタートを切るために、HACCP（国際的な食品の衛生管理基

最新の食品衛生管理基準を満たした加工ライン

準）を満たす製造ラインを新設し、工場を改装したのである。

　原材料から最終製品に至る一連の工程を管理の対象とするこのシステムでは、特に人や物の動線が徹底的に管理されていて、原材料と製品が接触、接近することはない。

　これには当初の予定の倍近い費用がかかったが、設備が一新された工場では、働いている人たちの意識も変わったように思う。オートメーション化されているとはいえ、煮物や焼き物の味のレベルもかなり高い。

　現在はイトーヨーカドーやセブンイレブンで販売する多様なお総菜類、デニーズで扱う半加工品などの受注を受けて、着実に再建の道を歩んでいる。

　現在では信金から派遣した社長を引き揚げ、自ら再建に努力してきた創業者の子どもたちに、あらためて経営を任せている。

## ホテル再生で地域雇用を守る

京浜急行の三浦海岸駅前の高台にある「マホロバ・マインズ三浦」も成功した再生例のひとつだ。

もともとは八〇年代にマンションデベロッパーが計画した総合リゾート開発だが、バブルの崩壊で完成したのは会員制のホテルのみだ。その会員権販売も目論見どおりにいかず、けっきょく主力銀行の一つも、開発会社も破綻してしまったのである。

ホテルの経営権は整理回収機構に移管されてしまった。そのため、マンションデベロッパー社長の実姉が私財を投じて、ホテルの営業をセミパブリック形式で継続していた。

その後、残債の三割程度の金額で外資系ファンドへ売却する話が持ち上がったが、私はこれを阻止しなければいけないと考えた。外資系でも国内資本でも、大手企業の手に渡ると、二百名を超える地元住民の雇用や、多くの納入業者に大きな影響が出ることが懸念さ

再生に成功したマホロバ・マインズ三浦の本館エントランスの夜景

れたからだ。

そして二〇〇〇（平成十二）年に、湘南信金を中心とした債権買収が成立した。当初、財務面からサポートする形で湘南信金から出向させた木村行成君は、二〇〇二（平成十四）年に社長を任せる段階になると、「出向だと甘えがある」からと信金を退職し、背水の陣で再建に取り組んでくれた。

再建にあたり、東京から一時間という立地の良さは大きな武器になるが、それだけで集客できるわけではない。決め手は一万円を切る手ごろなプラン設定と、三浦半島の新鮮な海産物、そして温泉だ。

当初の温泉施設は掘削が浅かったため、枯れるのは時間の問題だった。そこで新たに資金を投入して湯量を確保し、露天風呂やクアパークを充実させたのである。

訪れる人にとっては食事も楽しみのひとつ。三崎のまぐろなど、海の幸をメーンとしたバイキングには、和風の「花蘰《かずら》」、洋風の「マリーゴールド」というふたつのレストランを用意している。好きなものを好きなだけ取れるのがバイキングの醍醐味だが、料理によってはあらかじめ小鉢に盛り、取りやすくするなど、工夫がなされているのも好評の一因だろう。

宿泊者数は年間三十万人前後で、その四分の一強がリピーターとなっている点も心強い。研修施設や宴会場、パーティー会場としての利用や、温水プール、スポーツクラブなどの日帰り利用者も順調に増え、年間五万人ほどになっている。平日の利用者は、中高年の女性グループが圧倒的に多い。

この再生過程の好調さはホテル業界でも話題になっているほどだ。成功の要因は木村社長の資質による面も大きい。それと地域の雇用を守ろうという湘南信金の地域愛が高い相乗効果を発揮し、従業員が一丸となって顧客サービスに努めてくれたからだ。

マホロバ・マインズの再生は湘南信金にとっても大きな案件だったが、金庫としてしっかりとしたリスクヘッジをしつつ、あえて再生に手を挙げて、本当に良かったと思っている。再生支援により、経営が健全化した見本のようなものである。

## 人を信じ、地域愛を実践する

――対立していた横山元市長の叙勲を祝う会の代表発起人になり、
優勝した白鵬の言葉に感心する

地域の雇用を守り、取引業者を守ることは、地域金融機関である信金の使命だという信念は、ますます強くなるばかりだ。そして二〇〇五（平成十七）年、地元中小企業へのサポートを強化するために「湘南経営応援隊」を発足した。これは地元企業のＩＴ化を促進し、企業の再生や成長を支援するためのものだ。

瀕死の企業を救済するのは容易ではないが、湘南信金が取り組んできた事例を振り返ると、それは同時に人間を成長させることでもあった。

「企業再生本部」などという部署は、無くて済むのなら無い方がいいに決まっている。しかしその一員として再生に取り組んだ職員たちも、支店の業務とは異なる業務を通じ、最初は口のきき方から学んでいったはずだ。

考えてみれば、バブル崩壊後は、信金の職員でありながらお金を貸すことを教わらず、勉強もあまりせず、お金を貸さないことと、貸したお金を回収することしか知らない世代がいる。そういう歪みを是正し、地域のために働く金融人を育てることも私の役割のひとつだと思う。さらに地域愛とは何かを、しっかりと教えておきたい。

その意味では、何事においても、大事なのは感性だ。本を読む、音楽を聴く、絵を見るなど、仕事以外の分野で自分を磨くことも大切だ。一見、道楽にしか見えないことが、自分の実になっていることが分かるのはずっと後のことかもしれないが、優しさや思いやりをどこかに置き忘れてしまった人間ばかりが増えてしまった。それは、年長者である私たちの世代の罪でもあるだろう。

二〇〇四（平成十六）年、横須賀市の助役を務められた杉山巖氏の叙勲が決まったとき、私は「叙勲を祝う会」の発起人代表を引き受ける約束をしていた。ところがその半年前に叙勲を受けていた横山和夫元市長を祝う会が、まだ開かれていなかった。

長年、横須賀市長を務めた横山氏とはゴミ処理料金の問題で意見が対立した。以来、反横山とならざるを得なかった私が、横山氏の慶事に声をあげることは憚られたが、杉山氏を祝う前に、横山氏を祝う会を開くのが順序だと思った。そこで二〇〇四年十一月に、「横山市長の叙勲受賞を祝う会」を私の手で開催した。私が発起人であることを怪訝に思

2006年５月場所で初優勝を飾った白鵬関と筆者（左）。右の写真は元ＮＨＫアナの杉山さん（左）と

った人もいるかもしれないが、叙勲という栄誉は意見の相違や対立を超えて祝うべきものである。そして、物事には守るべき順序や秩序がある。それを忘れては、優しさも思いやりも生まれてこない。

　五月場所で初優勝を飾った白鵬関が優勝インタビューで、「お父さん、お母さん、部屋の皆さんにありがとうといいたいです」と話していたが、こういう気持ちこそ大事だと思う。

　五月場所の千秋楽の中入り前、元ＮＨＫアナウンサーの杉山邦博さんと会い、白鵬の優勝と、近いうちの横綱昇進を確信した。実況アナウンサーとして長年相撲を見てきた杉山さんならずとも、白鵬の綱とりの可能性は高いと見るだろうが、横綱には技量だけでなく、精神面での高邁さも求められる。それにしても、わずか十五歳で来日した少年の理解力と吸収力、成長力には驚かされるばかりだ。

しかし、誰もが白鳳のようになれるわけではない。組織の中で力をつけるためには、上司の引き立てと自分自身の運が物を言う。実力に左右されるのはせいぜい一、二割ほどだから、自分にとって役に立つ人を見分ける眼力も必要だ。つまり、尊敬できる上司がいることが重要で、そうと決めたらその人を徹底的に信じなければいけない。

上司は九割は褒めて、叱るのは一割にとどめる。そして叱るときに逃げ道を残し、決して追い詰めないことが大事だろう。そういう繰り返しの中でつくられていく人脈は、子どもや後輩に譲ることはできない「一代の宝」となるはずだ。

## 政経塾と横浜市長選

仕事に打ち込んでいる間はあまり気にならなかったが、褒章や勲章を頂いたことは、私自身が自分を振り返る良い機会になった。

元自治相の野田武夫先生、横須賀信金二代目理事長の吉井市蔵氏、團伊玖磨先生など、数えればきりがないが、多くの先輩が私を育ててくれた。そして遅ればせながら、今度は私が人を育てる番である。そういう思いを強くするきっかけとなったのが、松下政経塾とのかかわりだ。

たとえば、二〇〇二（平成十四）年には、ジェイコム湘南の南後裕前社長がかつて松下政経塾の事務長を務めていた縁で、「地域金融について講義をしてほしい」という依頼を受けた。

九月三日、第二十三期の塾生を中心とする若者に、地域金融や経済政策を見る視点などについて、私の考えを話したが、これは私にとっても貴重な経験だ。

そうした一連の交流の中で政経塾OBたちとも接点が生まれたが、二〇〇六（平成十八）年に再選を果たした中田宏横浜市長もその一人である。前回の横浜市長選は四期目をめざした高秀秀信氏と、三期連続当選した衆議院議員を辞して立候補した中田宏氏による大接戦となった。

2004年の叙勲・褒章・大臣表彰・横浜文化賞の受賞祝賀会に招かれた筆者。挨拶する中田市長

私は、高秀市長の多選と七十二歳という年齢にも批判的だったが、「サッカーのワールドカップの決勝戦を自分の手で開きたい」という動機には断固異議を唱えるべきだと思い、中田氏の応援に回った。

中田氏の印象は、若いが反骨精神があるということに加え、とにかく背が高い。そこで最近の選挙は見た目も大事だから、背広は紺かグレーの二つボタンにするようにアドバイスした。

結果的には二万票あまりの僅差で中田氏が勝ち、政令指定都市で最年少（当時）の市長となった。このとき、横浜港湾業界きっての実力者の藤木幸夫氏は、高秀市長を応援した。選挙結果が大接戦だっただけに、両陣営にしこりを残す結果となっては、藤木氏と私の関係もこじれる恐れがあった。

これを修復するのは容易ではなかったが、急いては事を仕損じる。じっくり機会をうかがい、翌年、横浜港関係者が集まる新年会の会場に、中田市長が出向くという奇襲に出た。招待状は来ていないのだが、まさか、現職市長を門前払いにするわけにもいかない。そこで、私と親しい東横商船の飯泉牧太郎社長が藤木氏に、「市長が自分から足を運んだからには、こちらも答礼が必要ではないか」と提言した。これをきっかけに両者は打ち解け、私と藤木氏の仲も以前のままである。

中田市政が推進した市の業務の民営化や委託化、職員定数の大幅削減などの行財政改革路線が認められたことは、圧勝で二期目の信任を得た選挙結果によく表れている。全国最大市の舵取りの真価が問われるのはこれからだという思いを込めて、今後も応援していきたい。

## 信念貫いた松沢知事

神奈川県知事の松沢成文氏も松下政経塾出身者である。中田宏横浜市長が十期生、松沢知事は三期生である。

松沢氏は政経塾を卒塾した一九八七（昭和六十二）年に神奈川県議となり、県政史上最年少議員として話題になった。確かに政経塾出身者には多彩な人材がいるようだ。

松沢知事は二〇〇三（平成十五）年の神奈川県知事選では次点に三十六万票あまりの差をつけて当選したものの、その後の議会運営では苦労の連続と見受けられる。正直で素直なのだが、時として頑固で、頭を下げるべきときに下げられないのではないだろうか。

これまでの三年間の松沢県政の中で、私は水源税の導入については高く評価している。

水源税の構想はそもそも、現在の水源環境を子や孫の世代にまで良好な状態で残すための施策を充実さるためのものであり、その財源は、県民が負担を分かち合うというものであったはずだ。

再三の議案撤回など、相当の苦労を重ねた末に二〇〇五（平成十七）年九月の県議会でようやく決着にこぎつけたが、その前年の素案に比べると、予想税収規模は百四億円から三十八億円まで大幅に縮小された。

この審議の経過を見ても、松沢知事は、自民党などとの関係を改善することは急務に違いない。しかし、あえて所期の目的を貫いた信念の強さはさすがだと思う。

松下政経塾創立25周年記念の式典会場で松沢知事（左）と握手を交わす＝2004年11月

松沢知事は、私が開催を呼びかけた「神奈川県防災懇談会」にも協力してくれている。
自衛隊は災害時に存在感を発揮するものだと思っている人が多い。そんな認識は誤りだが、災害発生時に頼りになることも間違いない。しかも神奈川県は米軍基地も抱えている。万が一のときは、自衛隊と米軍が協力して行動できる防災計画を立てておくべきである。
懇談会はそうした体制の整備と、担当者の顔合わせの場として年に一回程度開催しているが、官と官が直接話し合うと具合の悪いことでも、民間人の私が音頭を取ればスムーズに進むという一面があるようだ。

また、二〇〇四（平成十六）年十一月に「東京海洋大学横須賀誘致委員会（現・海洋の街づくり委員会）」が主催したオープンセミナーで基調講演を行った松沢知事は、県立三崎水産高校を、平成二十年度から海洋工学、海洋環境学を学べる海洋高校に変革するプランを打ち出してくれた。

松沢知事は川崎市出身、中田市長は横浜市出身で、ともに地元への愛着があったからこそ、衆議院議員から転身したのだろう。彼らの政治的原点が、茅ケ崎の松下政経塾で学んだ三年間にあると思うと感慨深い。

## 服部塾で「経」を育成

松下政経塾は「政」の分野を担う優秀な人材を多数輩出している。ならば私は「経」の分野を担う若手を育成してみようと、二〇〇五（平成十七）年に「しょうなん服部塾」を立ち上げた。「将来を見通すことのできる経済人の育成」に主眼を置いたものである。

親が興した事業の拡大を目指す後継者、新しい分野にチャレンジする起業家などを対象に、経営のノウハウを伝授するほか、湘南信金として経営に必要な知識を具体的に伝えたいと考えたのだ。また信金として、次世代の地域の中核となる取引先を開拓したいという目論見もあった。当初は大学のゼミのような形式で、二十～三十名ぐらいでスタートさせるつもりだった。ところが開塾の告知を行ったとたん応募が殺到し、百三名でようやく打ち切った。

年齢は二十二歳から五十一歳で、平均三十七歳。取引先企業の子弟が多いが、新聞記事などを見て応募してきた若者もいる。少子化時代の大学経営に役立てたいという大学関係者、ラーメン店の経営者など、職種は予想以上に多彩だ。

全体人数が多くなったので、三組に分けるカリキュラムを組んだ。まず二〇〇五（平成十七）年九月十三日、松下政経塾塾長である関淳さん（元松下電器代表取締役専務）のご好意で、偉大な先達である茅ケ崎市汐見台の松下政経塾の講堂で開講式を開催。そして九月十七日から土曜日ごと、四回ずつの集中研修をスタートさせた。

記念写真に収まる「しょうなん服部塾」の参加者たち

集中研修の講師は、大阪経済大学大学院の岸本光永教授、経営コンサルタントの永井博之氏、経営コンサルタント・中小企業診断士の松波道廣氏である。以来、全員参加の特別講義やグループごとの研修を繰り返し、今年（二〇〇六年）の七月に閉講する予定となっている。

年会費は二万五千円。外部講師は、横須賀信金時代から続いている「信和会金融経済懇話会」の定例会で講師を務めてくれた人にお願いしているが、これまでに三百回を超える開催を重ねてきたこの会の蓄積も大きな財産だ。

国際ジャーナリストで元NHKワシントン支局長の手嶋龍一氏、乃木坂研究会代表の大岡哲氏、池田勉公認会計士、慶応義塾大学の安田淳教授、金子勝教授、静岡大学の上田芳伸教授らは、いずれも塾の趣旨に賛同して、ほぼ手弁当で支援してくれている。

湘南信金の役員も講師として壇上に立った。金融機関側の手の内を明かすことになるが、こういう場で話す経験は、話す側のスキルアップにもつながり、提案型金融機関をめざす湘南信金の底上げにもなる。

塾生同士の異業種交流も活発で、仕事の幅が広がったという声は多数とどいている。新たに信金の取引先になってくれたケースもあり、私の所期の思惑は成功しつつある。二〇〇六（平成十八）年七月には二期生を募集し、リピーター希望の一期生向けのプログラムも別枠で設定した。塾生OB同士の関係強化も積極的に支援していくつもりだ。

また、横須賀生まれ、横須賀育ちの私にとって、いまいちばん気がかりなのは、住友重機、日産自動車久里浜工場、関東自動車工業などが撤退した跡地の活用である。これらを地域のために、本当に役立てるにはどうしたらいいか、どんな工夫をすればいいか、まだまだ知恵を絞る余地はあるはずだ。塾生やＯＢたちとともに、愛すべき横須賀の将来を左右する重大な問題として、真剣に考えていきたい。

## 公的保証と地域金融

中小企業が金融機関から金を借りる場合、「信用保証協会」の保証を求めることがある。つまり、信用保証協会は中小企業の「公的保証人」であり、借入金の返済ができなくなった場合、信用保証協会が代わって返済（代位弁済）する仕組みになっている。

景気低迷下の一九九八（平成十）年十月、「中小企業金融安定化特別保証」が実施され、資金調達に支障をきたしている中小企業向けに、通常とは別枠で保証を行う制度がスタートした。これで窮地を脱した中小企業も多いが、当然、信用保証協会の負担は増すことになる。

そうしたある日、神奈川県信用保証協会を管轄する岡崎洋知事（当時）に呼ばれて出向いたところ、信用保証協会の厳しい状況の説明とともに、融資案件を持ち込む金融機関にも責任の一端を担ってほしいと持ちかけられた。当時は信用保証協会の保証があれば融資先の内実をよく調査せずに融資したり、借り手の悪質な偽装工作を見抜けないケースもあったようだ。

せっかくできた制度を有効に活用するには、金融機関の側も応分のリスクを負う必要がある。本来は信用保証協会が全額代位弁済するため、金融機関側のリスクはゼロだ。しかし対象となる融資のほとんどは数百万円単位で、その一割なら数十万円で済む。地域金融機関である信金は、地域の中小企業のために、その程度のリスクは負うべきだ。

松下政経塾創立25周年記念の式典会場で、岡崎洋元知事（左）、関淳塾長（右）とともに

そう納得した私は岡崎知事の提案を受け入れ、代位弁済の一割～二割を金融機関側が負担することを承諾した。岡崎知事がまず信金に声をかけたのも、地域金融機関である信金の即断に期待したからだろう。神奈川県内のメガバンクは一支店にすぎず、この種の経営判断を行うには時間がかかりすぎてしまうからだ。

ただし、信金にもそれぞれの事情がある。私が神奈川県信用金庫協会の会長であっても、県内の信金が即座に歩調を合わせることには無理があるため、個別対応で了解してもらった。

そして、当時の神奈川県信用保証協会会長の伊藤仁氏は横須賀高校の後輩という旧知の間柄だったので、県内の信金を訪ねて、協力を依頼するようにアドバイスしたのである。結果的に湘南信金を含む県内の八つの信金は、応分の負担というリスクを取ることを了承してくれた。県信用保証協会と金融機関の間でこうした協定が成立したのはおそらく全国初で、その後、追随した信用保証協会も複数あったようだ。

信用保証協会は、原則として融資額の1・3％前後の保証料で運営されているが、われわれ金融機関の協力もあり、現在の財務内容は劇的に改善されている。ならば「公的保証人」という本来の存在意義に立ち返り、金融機関のリスクをゼロに戻すべきだと主張しているのだが、まだ実現に至っていない。

## 米軍基地の友人たち

横須賀には米海軍第七艦隊の艦船が配備されている。ハワイを拠点とする太平洋艦隊の司令官には、米海軍に数人しかいない大将が着任する。任期はおおよそ二年ぐらいで、交代時には第七艦隊の母港の横須賀を訪れる。その際、第七艦隊司令官や横須賀基地司令官を伴って湘南信金を表敬訪問してくれるのが恒例となっている。

その他、私が役職者の交代式や艦上パーティーに出席するなど、交流の機会を持つよう努めているが、これは基地を抱える街の地域金融機関の責任者が負う責務のひとつだ。そこで、湘南信金では一九九六（平成八）年から米海軍家族の公共料金の一括取り扱いをスタートさせた。また米軍住宅問題や海上自衛隊との協力、私が提唱した神奈川県防災懇談会への参加要請など、一民間人として程よいクッションの役割を担ってきたつもりである。

彼らは日本の文化に造詣が深く、鎌倉はもちろん、京都や奈良にも足を運んでいる。日本の歴史も勉強していて、能や歌舞伎にも興味を示す。中には交代式で富士山を詠んだ自作の和歌を披露した横須賀基地司令官のフェルナンデス大佐のような日本通もいた。

とはいえ、彼らも筋金入りの米軍人。「日本の石油タンカーがマラッカ海峡を無事に航行できるのは太平洋艦隊が守っているからだ。ハットリ、それは知っているだろう」とクギを刺すことを忘れない。東アジアにおける日本の安心や安全は、現状では米軍を頼りにするしかないということは、皆わかっているのである。

湘南信金を表敬訪問した米太平洋艦隊司令官のラフヘッド大将（右）と在日米海軍司令官のケリー少将（左）＝2005年９月28日

私は彼らの日本に対する関心の深さを知り、大相撲横須賀場所に招待することを申し出た。彼らは大いに喜び、開催を楽しみにしていて、今年も来場者の一割を米軍関係者が占めた。横須賀場所の「君が代」は、海上自衛隊と米海軍の吹奏隊の合奏だという点も誇っていいだろう。

これまで多くの司令官と付き合ったが、中でも前任者のドーラン大将が印象深い。彼は個性的で温厚な紳士で、日本の文化にも詳しかった。私の英語力では突っ込んだ話はできないが、人物の大きさは伝わるものである。ドーラン大将は二〇〇三（平成十五）年五月に、当時の第七艦隊司令官のウィラード中将、在日米海軍司令官のチャップリン少将を伴って湘南信金を訪問してくれた。ウィラード中将はその後、大将に昇進したエリートだ。二〇〇五（平成十七）年六月に定年で退役したドーラン大将の後任がラフヘッド大将。彼は在日米海軍司令官のケリー少将とともに湘南信金を訪れた際に、横須賀市制百周年のイベントに参加して日米親善に役立ちたいと話していた。

世界的な規模での米軍再編に絡んだ在日基地問題を有利に解決しようとする一方で、米軍は横須賀市民と良好な関係を築くことを望んでいる。それは国と国、米軍と自衛隊の関係とは別なところで、人と人との信頼と理解に基づいて推進されるべきものである。

## 空母配備と街づくり

在日米軍再編問題とともに、横須賀では原子力空母の配備問題が大きな論点となっている。通常型空母のキティホークは老朽化のために二〇〇八年に退役し、後継艦には原子力空母が配備されるというのだ。

原子力空母配備は市長選でも争点となったが、候補者は当然「反対」を公約とした。当選した蒲谷亮一市長ももちろん「反対」の立場であった。横須賀市や、横須賀市の意向を受けた神奈川県も、一貫して通常型空母の配備を求める立場を取ってきたのである。

昨年（二〇〇五年）十二月には蒲谷市長が訪米し、米国防総省に通常艦の継続配備を要請。今年四月には横須賀市議と商工会議所会員からなる視察団がカリフォルニア州サンディエゴ基地で原子力空母ジョン・C・ステニスに乗艦し、安全性を検証した。視察団は帰国後、蒲谷市長に受け入れ容認時期に来ているという報告を行っている。

一方で、米海軍側の交渉担当者のケリー在日米海軍司令官は、大相撲横須賀場所を観戦し、表彰式に出席して、土俵の上から市民に対するメッセージを発してくれた。彼らも横須賀の人たちの理解を得るために、努力を惜しまず奔走しているのである。

二〇〇六年五月十五日、横須賀市は市民の意向を聴取する「後継艦問題について意見を聞く会」を開催した。横須賀市から出席を要請された私は「最初に発言させてくれるならば」という条件で受諾して私見を述べた。

基地や原子力空母の存在を歓迎する自治体はどこにもない。「ウエルカム」ではないが「仕方がない」現実を直視すれば、安全確認のパフォーマンスに時間を費やすことがいかに無駄か分かるはずだ。それよりも受け入れ容認を条件闘争のチャンスとし、三浦半島の社会基盤整備に全力を挙げるべきである。これは、横須賀市、逗子、葉山、三浦の五十数万人のために、安心して子どもが産める産婦人科や小児科病院の建設、高齢化で需要

大相撲横須賀場所で優勝した栃東関に表彰状を渡すケリー在日米海軍司令官＝2006年４月９日、横須賀アリーナ

が高まっているリハビリセンターなどを整備する絶好の機会だ。

また、第七艦隊が必要な物資をすべて神奈川県内で購入するようにすれば、年間百数十億円の経済効果が期待できる。原子力空母のために新たに来日する技術者やその家族向けの住宅を提供すれば、土地の有効活用につながるはずだ。

その後、六月十二日に麻生外務大臣の横須賀訪問があった。麻生外相とは、当金庫優良取引先のユニオネックス会長・谷尾凱夫《よしお》氏（麻生氏の選挙区後援会長）の紹介で周知の仲である。この会談を経て、蒲谷市長は受け入れ容認を表明するに至った。今後は横須賀が安心して住める街、住んで良かったと思える街になるため、政府に対する条件闘争に力を注いでもらいたい。

これまでを振り返ると、できれば小泉首相自ら市民の理解を得るよう、説明してもらいたかった。総理は国益を代表する立場にあるが、横須賀は小泉首相の故郷である。彼が自分の選挙区に立ち、絶対に危険がないようにするといえば、全員が賛成というわけにはいかなくても、多くの人は頷いただろう。それが日本人の心の機微というものではないだろうか。

## 困ったときは神頼み

藤原正彦氏は『国家の品格』に日本は「情緒」と「形」の国だと書いている。私は二十年以上前から同じようなことを主張してきたが、私流に言えば、日本人は「義理」と「人情」の国民だ。

ただし、藤原氏の「武士道精神の復活」には同意できない。もっと「浪花節」的に「弱きを助け強きをくじく」気概を持つことが大切だ。そういう精神を根底に持ちながら、自分が生まれ育った横須賀をこよなく愛してきた結果、今の私があるのだと思う。

そんな私を人は大胆だとか、毒舌家だと評するが、自分では繊細だと思っている。信金で働き始めて数年目、電車に乗るのが怖くてたまらなくなった。電車に乗ろうとすると動悸がして息苦しくなる。ノイローゼの一種だと思って医者を回ったが、検査ではまったく異常は見つからない。

長光寺で大橋副住職より加持を受ける＝2006年５月14日。下の写真は、白赤稲荷神社の松本宮司（左）と伏見稲荷の門前にて

ようやく追浜の湘南病院で「心臓神経症」と診断されたが、治療も投薬も一切なし。日記をつけろというだけで、「この病気は欲張りでわがままな人間がかかる」とも言われた。確かに当時の私は、あれもしたい、これもしたいという気持ちが強かった。医師が言うままに日記をつけて、約一年で症状は治まったが、これを克服したことで一皮剥けたような気がする。

眞司の「眞」は浄土眞宗から採ったもので、お寺さんがつけてくれたそうだ。しかし、神前結婚式に出席し、葬式では仏教のお経をあげる。節分に豆をまき、クリスマスには賛美歌を歌い、大晦日には除夜の鐘を撞く。長光寺（汐入不動尊・真言宗高尾山智山派）で年三回、加持を受けるのも毎年の恒例行事だ。

そして、本当に困ったときは神頼み。身を清め、柏手を打ち、一心に願うと、不思議と度胸が定まり、意図した以上の結果が付いてくる。

たとえば今年の決算でも手持ち有価証券の一部を高値で売り抜けて、利益を出して決算をすることができた。実は売る前日の節分に鎌倉鶴岡八幡宮で豆をまき、「売るぞ！　福は内！」と叫んで、しっかり願をかけておいたのである。

商売上では、京都の伏見稲荷の世話になった。東京大和信用組合を合併したとき、ある支店のビルの屋上に古びたお稲荷さんがあった。破棄するわけにもいかず、白赤稲荷神社の松本宮司に相談して宮司が修業した伏見稲荷に御神体をお還しする手続きを行った。以来、お稲荷様の御利益にあやかろうと年に一度は参詣し、神楽を舞ってもらうのが習慣になっている。

どこの家にもある「高島易断」の暦も必需品だ。新調した背広を初めて着る日とか、靴をおろす日の良し悪しを確認してみるのだ。ちなみにこの暦には、「日が悪い」「方位が良くない」など、商談を避けたい場合にも使える利点がある。

大事にしているのは神様だけではない。葬式は多くが仏式だ。先日、ある葬儀に出席した際、私の眼前で喪主の数珠の糸が切れ、数珠が散乱してしまった。それを見た私は、湘南信金の誕生のキーマンだった鎌倉信金の竹嶋会長の葬儀の際、私の数珠の糸が切れたことを思い出した。日本人はとかくこういう現象から、目に見えない何らかの意思を読み取ろうとするものである。当時の私は数珠つなぎの百八の煩悩が切れた、つまり合併に絡んで山積していた悩みが吹っ切れたと解釈することにした。

私が神頼みや暦で難局を乗り切れたのは、運の強さかもしれない。しかし縛りの緩い信仰心を心のどこかに持っていることも日本人の良い面だと思う。

## 街の安心安全に協力

地域金融機関である信金が地域とともに発展していくためには、地域の安心、安全の確保が不可欠だ。

そう考えた私は信金の理事長に就任するとすぐ、横須賀署の荒井時次郎署長の要請で、横須賀防犯協会の設立を呼びかけた。それまでのロータリークラブのメンバー等を中心とした組織ではなく、町内会や自治会にも参加を要請し、地域に根づいた防犯活動を実践しようと訴えたのである。

実質的な設立の立役者は里薗末義防犯課長（当時）だ。横須賀署管内の町内会や自治会をくまなく回って説得した彼の粘り強さもあり、設立時には全体の八割が参加してくれた。従来会員も継続加入し、市民全体で安心で安全な街づくりに取り組む体制が、早い時期にできたことは良かったと思う。一世帯年間三十円と設定した会費を二十円に値切られたの

さまざまな防犯活動に協力。１日署長も務める＝2003年10月５日

も、今では笑い話のような思い出だ。

警察署長は一、二年で異動になるため、荒井署長以後、十六名が歴代署長を務めたが、横須賀防犯協会長は一九八四（昭和五十九）年の設立以来、私が継続して務めている。この間、神奈川県防犯協会連合会、横須賀暴力団排除対策推進協議会、神奈川県地域暴力団排除組織連絡協議会、財団法人神奈川県暴力追放推進センター、横須賀警察署協議会など、警察関係の公職がずいぶん増えた。

これくらい防犯活動に協力していれば、当金庫の暴力団対策にもなるという思惑もあったのだが、二〇〇二（平成十四）年八月二十一日、伊勢佐木町支店で現金輸送車が強盗に襲われ、警備員二人が撃たれた。直ちに全店で現金の輸送方法を変更し、危機管理のマニュアルを作り、安全の確保を図っているが、これは手痛い教訓だった。それでも一連の防犯活動等が評価され、全国暴力追放推進センター・警察庁長官から栄誉金賞を頂くまでになったことに感謝している。

一九九三（平成五）年からは「地域安全市民のつどい」を始めた。毎年十月の第一日曜、横須賀市役所前公園をメイン会場とし、横須賀市消防音楽隊、市内の高校のブラスバンドや幼稚園児たち、時には県警の音楽隊やマーチングバンド等も参加し、横須賀中央駅前通りにかけて「地域安全パレード」を繰り広げる。

宮城野部屋力士による餅つき大会、自衛隊久里浜太鼓、防犯をテーマとした作文の発表会などのアトラクションも行われ、横須賀の秋の風物詩になった。これは全国的にも珍しいケースで、市民の参加率も高いということで警察庁長官の特別表彰を受けている。これは、全国で表彰を受けた二署のうちのひとつということだ。

二〇〇六（平成十八）年六月十二日には、神奈川県の「犯罪のない安全・安心まちづくり推進条例」に基づく「横須賀市安全・安心まちづくり推進連絡協議会」の顧問に、横須賀・田浦・浦賀の各署長、横須賀市長らとともに就任した。横須賀は防犯面ではまとまりの良い土地柄だが、横須賀市全体を包括する組織ができたことは心強い。

## 「一兆円」の夢かなう

二〇〇五（平成十七）年十二月十五日、湘南信用金庫の預金残高が一兆円の大台を突破した。全国の二百九十六金庫（当時）の中では二十四番目の達成であった。

私にとって「一兆円」は長い間の夢だった。そしてこの夢が、純粋に、お客さまの個人口座の積み重ねによって達成されたことに、心から感謝している。

全国的にみても、一兆円を超える信金の七割は合併効果によって預金残高を増やしたものだ。湘南信金も鎌倉信金や茅ケ崎信金との合併を経験してきたが、合併による加算額は、合計で千四百億円にすぎない。

バブルの崩壊以後は、預金を集めるのではなく、預金が集まる金融機関になろうと、職員が一丸となって体質改善に努めてきた。その努力が「一兆円」という大きな数字で報われた。そのおかげで、職員の勤労意欲やモラルがさらに向上し、お客さまにもいいニュー

1兆円達成を祝し、12月納会にて幹部でバンザイ三唱し越年した

スとして報告することができた。
政府が主導する構造改革は必要だが、改革が進めばひずみも生じる。そのためのひずみが悪い形で噴出しているのが現状だ。朝買った株を昼前に売るトレーダーを株主扱いする必要はない。それなのに名の知れたビジネスリーダーが「拝金主義への批判はあるだろうが、若者が一攫千金を夢見て挑戦するのは悪いことではない」と堂々と主張する。こうした風潮が誤った拝金主義や成り金主義を助長している。これからは、信金も一般的な企業も、社会的な存在であることを強く認識しなければ通用しない。
そのためには、時として利益第一、儲け

至上主義に陥りがちな経営を監視することも重要だ。そうした点から、信金を監督する立場にある金融庁、財務局、横浜財務事務所、日本銀行、信金中金などの指導にも心から感謝している。

金融庁の検査も日銀の考査も、決して嬉しいものではないが、受けるたびに改めるべき点が見つかり、その繰り返しによって、一人前の信金に育つことができた。辛い検査をパスすれば、お客さまは安心してくれるし、信金自体も活性化する。これは自らの力では絶対にできないことである。

そう思うからこそ、官費と人と時間を費やす指導に見合うだけの、質の高い金融機関にならなければいけないと、肝に銘じてきた。預金残高一兆円は、そうした努力に報いる賜物でもあったと思う。

昨今は企業の誤りを正す立場にある監査法人さえ、不正で摘発される世の中になってしまった。湘南信金も渦中の中央青山監査法人に監査を依頼してきたが、業務停止処分を受けたため、二〇〇六（平成十八）年七月から米大手会計事務所のプライスウォーターハウスクーパース（ＰＷＣ）のノウハウ等を活用し、日本の公認会計士が設立した「あらた監査法人」と契約することにした。

預金残高一兆円達成の感激を忘れることなく、湘南信金も新たな気持ちで、「選ばれる金融機関」になるべく、地道な努力を続けていく。

## 小泉政権の負の遺産

五年におよんだ小泉政権は近来にない長期政権で、それだけ社会に与えた影響も大きい。「改革」の必要性は認めるが、一連の小泉改革が地域間格差、個人の格差など、社会のひずみの形成を助長したことは否めない。

小泉総理は「信念」だと言うが、政治家が人の言うことに耳を貸さないのはさびしい限りだ。持論に都合の良い人ばかりで政権を固め、批判をする人を寄せ付けない。靖国問題然り、それに伴う中国や韓国の問題然り。それは信念の相違、歴史認識の相違で片付けられる問題ではない。

靖国問題で言えば、「お国のため」だと信じて戦死した兵隊も、疎開して生き延びた人間も、どちらも被害者だ。私の父は戦争末期に病死したが、戦争さえなければちゃんと手当てが受けられて、死ななかったかもしれない。少なくとも昭和二十年の三月には死なずにすんだだろう。その意味では父も戦争の被害者であり、残された私や私の家族も被害者である。

勝ち目のない戦争に突き進み、日本を不幸に陥れた指導者の罪は問われなければならない。戦争を通じて損害を与えた諸外国に対してだけでなく、日本の国民に対しても罪を償わなければならない。その意味で私はA級戦犯の合祀は間違いだと思う。そもそも合祀の経緯も不透明だ。

戦争体験の有無に関わらず、鹿児島の知覧特攻平和会館を訪れて心を傷めない人間はいないだろう。小泉総理が日本のために亡くなった英霊に、哀悼の意をささげたいとしても、八月十五日の「敗戦記念日」の参拝を公約にすること自体が誤っている。総理として、他に公約すべきことはいくらでもあったはずだ。

あの戦争で亡くなった人、つまり靖国に本来祀られている人たちが生きていたら、日本はもっと良い国になっていただろう。あの戦争は、日本の次代を担うべき優れた人材を数えきれないほど失った無為の戦いでもあった。その結果、大企業で言えば、本来部長止まりだった人間が、軒並み社長になった。その頃からすでに日本の歯車は軋んでいたのかもしれない。

中国の指導者・鄧小平氏の言葉に、「解決しないことが解決」だという名言があるが、それは靖国問題を、「信念の相違」や「内政干渉」という一言で片付けることではない。歴史認識の相違を承知したうえで責任を持って行動し、後世に判断を委ねればいい問題もあるということだ。

たとえば男女の仲で考えてみるといいだろう。結婚の破綻は離婚とは限らず、別居や家庭内別居もある。善悪、白黒をはっきりさせない日本的な解決方法がベターだと判断すれば、庶民は知恵を働かせ、この暮らしにくい世の中を、結構上手に生き抜いている。

何が何でも「白黒をはっきりさせろ」という欧米流の思考が、様々な格差を助長する要因だ。若者の「一攫千金」を肯定する経営者や、税金の安い国に住所や会社を移す人物がリーダーになり、若い人たちがそれを良しとする思考に毒されているところに日本の危うさがある。

小泉総理が退陣しても、小泉・竹中コンビが押し進めた構造改革のツケは残る。日本人が本来持っている人情や義理といった感情を呼び覚まし、日本人特有の長所を発揮できる時代を築くことこそが、本当の「構造改革」だったはずだ。小泉総理のお膝元であるこの横須賀がまず、「額に汗して働く人」が報われる街になるよう、地域金融機関として、地道な努力を続けていこうと思う。

## 旧友の五言絶句に思いを新たに

私が横須賀高校を卒業したのは、一九五二（昭和二十七）年だ。もう半世紀以上も昔のことだが、ずっと地元で暮らしているだけに同窓会、同期会などには参加しやすい環境にある。

ついこの間、七月二十二日にも「高四期」の同期会が横須賀セントラルホテルで開催され、懐かしい顔が集まった。その際、思いがけない贈り物をいただいたことを紹介したい。私の「わが人生」の連載を読まれた旧友の山崎輝紀（隆士）君が、自作の五言絶句を贈ってくれたのである。しかも各句の冒頭に、私の名を詠み込んでである。

服事築自照　　服事は自照を築きて

部将慕大衆　　部将にして大衆に慕われる

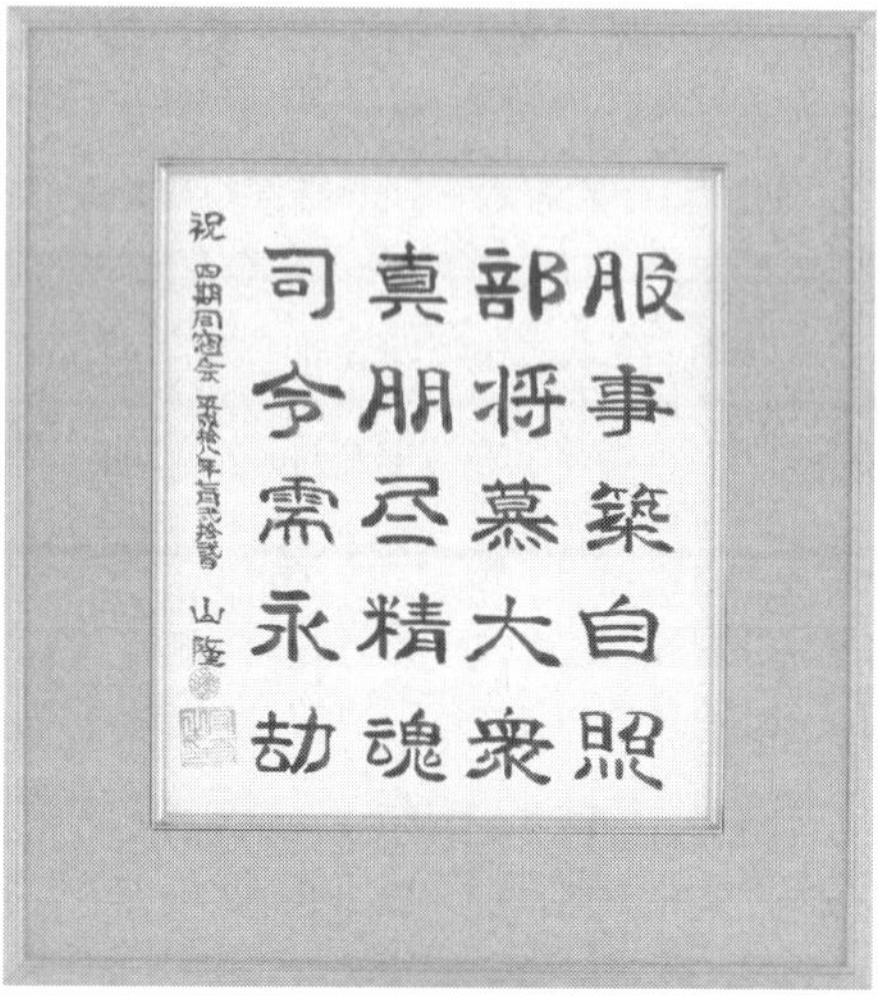

山崎輝紀（隆士）君寄贈の五言絶句の額。中国古来の原型に近い隷書体で記してくれた

真朋尽精魂　　真朋は精魂を尽くして
司令需永劫　　司令にして永劫を需めるなり

せっかくの作品だが、私の漢詩の知識では、作者の真意を汲み取れたかどうかおぼつかない。自分に都合の良い解釈だと言われるかもしれないが、私なりに考えてみた。

第一句は、「尊敬すべき人に出会い、仕えることで自分自身を省みること」だと思う。それができる人物は、リーダーとして、すべての人々から等しく慕われる。それが第二句だ。そして第三句。心を許し合える朋友とは、いかなる困難をものともせずに、目的を成し遂げようという意志を強く持ち、かつ遂行する人物である。それを受けた第四句は、そういう人物であれば、常に強力なリーダーシップを発揮するとともに、自らもそれを追い求めるものだ。

これが私自身のことだとしたら面映いが、私が優れた先達に出会い、多くを学んだことは確かである。しかしそれを内省し、自らのリーダーシップに活かそうと思いながらも、行き届かないところもまた多かった。

万難を排して数度の合併を成し遂げたこと。時宜を得たビジネスパートナーと真摯に付き合ったこと。趣味や道楽を通じた仲間たちと心を通わせ合えたこと。幾多の出会いを通じて実らせた果実は多いが、すべてが満足のいくものではない。その折々に私が取った行動が最善だったかどうか、その問いは永遠に続くのだろう。つまり、私の挑戦はまだまだ続くのだ。

わずか漢字二十字とその行間に込められた思いの深さに改めて敬服するとともに、幾星霜を重ねて思い出を語り合える旧知の友人に恵まれたことに、言葉に尽くせない幸いを感じている。

## 「人皆師也」に感謝の心を込める

私は機会あるごとに「信金は誰のものか」ということを説明してきた。信金は上場会社ではなく協同組織の地域金融機関である。利益は会員（出資者）、顧客、従業員に還元されるべきで、これが一般的な信金が唱える「利益三分法」である。しかし私はここに「地域」を加えた「利益四分法」を主張してきた。湘南信金がそれを実践した結果が、数々のメセナとなって湘南の各地に根づいてきている。

日本の大企業の多くはメセナに手を染めながら、バブル崩壊でやめてしまった。内容の良し悪しの判断は別としても、文化的な活動は継続して初めて評価されるものだ。地域金融機関の見せ場は、まさにここにある。

地域貢献こそ、信金が本領を発揮できる場である。湘南信金を「地域密着型金融機関かくあるべし」という見本のような存在にすること、湘南の人たちが誇れるような信金になることが、常に私の目標だった。その目標に向かって一筋に歩いてこられたことを、今は心から感謝している。

浪花節的な「義理」や「人情」を置き去りにしたままでは企業は成り立たない。その証拠に、一部では極端な成果主義から年功序列的なものへの回帰が始まっている。私のように同じ職場で長く働き続けることにも大きな価値があるはずだ。

地域の未来や信金の将来を語る

決算で十分利益が出るようになったら、「利益四分法」に従い、我慢を強いた職員たちにも還元していかなければならない。通常の賃金や賞与は年功序列式で良いと思うし、成果主義的な評価は年一回の特別賞与という形で決算状況に応じて出していくようにするつもりだ。

信金のお客さま、職員、先輩たちがあって、今の私がある。それぞれが懸命な努力で支えてくれたし、私自身もまた私の「役割、人格の働き」を果たして今日がある。

入庫五十年、理事長職二十二年。長すぎるという批判もあるが、信金経営の辛い部分の処理が済むまでは私の責任だ。近い将来、理事長職を退き、後継者は現在五十代前半の、数人の候補者の中から選ぶことになるだろう。

湘南信金は良くも悪くも私の強烈なリーダーシップで引っ張ってきた面がある。今後は専門性を高めた合議制のような形で運営されていくことになるだろう。それを、晩節を汚さない程度に見守るのが、私の最後の使命だと思っている。

信金から贈る物、配る物には常に「感謝」と書いてきた。それは、人は誰でも大切なことの多くを、周りの人たちから学ぶものだと思うからだ。尊敬する人物や上司、友人だけでなく、泣いている子どもや、敵意を持つ相手からも教わることはあるものだ。これまでいくつかの座右の銘を持って来たが、最近では「人皆師也」と答えている。

信金とともに歩んだ人生の中で出会い、多くを学ばせて頂いた人たちに心からの感謝を抱きつつ、また、この連載が自らの不足を知る好機になったことを報告しつつ、新たな挑戦のテーマをいくつか発見できたことを至上の喜びとして、ひとまず筆を置きたい。

# あとがき

神奈川新聞から「わが人生」の掲載のお話があったときは正直とまどった。

長い間、働いてきたわけだから、書くべきこと、書いておきたいことはそれなりにある。実際、書き始めて思い出したことも多いし、書くか書かないか迷ったことも数えきれない。結果的にこの拙文は、ほぼ半世紀を信金マンとして生きてきたひとりの人間の軌跡というよりも、合併で誕生した湘南信用金庫と、私を生み、育んでくれた湘南に対する私の思いを、少しでも伝えたいという願いを込めたものになった。

それは、時に楽しく、時に苦しい作業だった。だからというわけではないが、現時点では書けなかったこと、書くべきではないと判断したことを、心の裡に秘めておくのも案外辛いものである。この続きをいつか改めて書くという新たな楽しみができたことも大きな収穫である。

出版の機会を与えてくれた神奈川新聞の御厚誼、および三カ月を超える長期の連載中、労を惜しまず付き合ってくださった神奈川新聞の担当者に心から感謝する。

二〇〇六年九月吉日

著者略歴

服部　眞司（はっとり・しんじ）

1933年横須賀市生まれ。立教大学経済学部卒業後、横須賀信用金庫（現湘南信用金庫）入庫。1984年同理事長、1989年湘南信用金庫理事長。県信用金庫協会会長など、約40団体の公職を務める。1995年黄綬褒章、2004年旭日小綬賞受賞。

わが人生4　湘南の獅子　―地域に生きる―

2006年10月19日　初版発行

2007年1月19日　初版第3刷発行

著者　服部眞司

発行　神奈川新聞社

〒231-8445　横浜市中区太田町2-23

電話　045(227)0850（出版部）

Printed in Japan　ISBN 4-87645-389-6　C0095